Adlais

Darlleniadau gwreiddiol ar gyfer y flwyddyn Gristnogol, ac adnoddau addoli amrywiol.

Aled Lewis Evans

ⓗ Cyhoeddiadau'r Gair 2007
Cyhoeddiadau'r Gair
Aelybryn,
Chwilog,
Pwllheli,
Gwynedd LL53 6SH

Testun: Aled Lewis Evans
Golygydd Cyffredinol: Aled Davies
Clawr a chysodi: Ynyr Roberts

Dymuna'r cyhoeddwyr gydnabod cymorth
Adran Olygyddol Cyngor Llyfrau Cymru.

ISBN 1 85994 565 1

Argraffwyd yng Nghymru

CYNNWYS

CYFLWYNIAD

Cymysgedd o ddarlleniadau, myfyrdodau, gweddïau, a cherddi a geir yn y gyfrol newydd hon sydd at ddefnydd cyhoeddus a phersonol gan bobl o bob oed. Mae'r llyfr mewn chwe adran hwylus – Gwanwyn, Haf, Hydref, Gaeaf, Adran gyffredinol sy'n addas ar gyfer bob tymor ac Adran o ddarlleniadau ar adeg o brofedigaeth. Hyfrydwch oedd cael derbyn y cais i baratoi'r deunydd newydd hwn, ac fe fu'n fraint i gael gweithio ar gyfrol o'r natur hon.

Gobeithiaf y bydd y deunydd tymhorol hwn o fudd i bobl mewn sawl sefyllfa. Gobeithio eu bod yn ddarnau hylaw y gellir eu defnyddio'n breifat, neu mewn cyfarfodydd, a'u haddasu at ddiben y darllenydd. Gobeithio y caiff Adlais groeso mewn capel ac eglwys, ysgol ac aelwyd. Hyderaf y bydd peth o'r deunydd yn addas ar gyfer pobl ifanc a phlant. Y bwriad pendant yw sicrhau amrywiaeth o ddarlleniadau dealladwy, perthnasol mewn iaith bob dydd, am bethau cyffredin bywyd y gall bobl uniaethu â hwy. Pethau sy'n 'adlais' o'u profiad.

Diolch arbennig i Olwen Canter, Elisabeth Stephen Colbourne, Karina Wyn Dafis, Lewis Evans, Menna Jones, R.W. Jones, Tryfan Llwyd Jones am gael cynnwys cerdd neu weddi o'u heiddo yn y gyfrol. Diolch hefyd am gael cynnwys rhai o weddïau Pryderi Llwyd Jones a fu'n gymaint o ddylanwad arnom ni fel pobl ifanc yn Wrecsam. Diolch hefyd am gael cynnwys rhai o delynegion arbennig Arthur Evans, Chwilog. Cynhwysir gwaith fy nhaid, y Prifardd John Evans (Siôn Ifan) sy'n dal i'n hysbrydoli, er iddo farw pan oeddwn yn bymtheg oed yn 1976.

Diolch hefyd am gael cynnwys yn ogystal rhai addasiadau a ganfyddais yn arbennig o ddefnyddiol at ddiben gwasanaethau. Cynhwysais eiriau gwreiddiol ar gyfer rhai o alawon poblogaidd y cyfnod, a'm ffotograffau i sy'n cyd-fynd â throad y tymhorau.

Hyderaf y byddwch yn mwynhau'r gyfrol, a bod rhywbeth ynddi i bawb ymhob tymor ac amgylchiad. Gobeithiaf yn fwy na dim y bydd o ddefnydd ymarferol i chi.

Diolch i Aled Davies o Gyhoeddiadau'r Gair am y cyfle hwn, ac i Aled ac Ynyr Roberts am eu cymorth wrth i mi wireddu'r cyfan. Diolch am eu brwdfrydedd.

Gwanwyn

YN DY LAW Y MAE F'AMSERAU

Diolch i Ti am ein bywydau, ac am y wyrth a wnaed o lwch y llawr. Par i ni ddefnyddio'n hamser yn y byd hwn er gogoniant i Ti, a cheisio byw yn ôl yr esiampl o Gariad a ddangoswyd mor eglur, ac agosaf atom ym mherson Iesu.

Par fod ein meddyliau wastad yn gadarnhaol – chwala unrhyw beth negyddol gan fod ein bywydau'n rhy fyr i'r negyddol. Wrth i ni dy arddel Di yn Arglwydd bydd ein hamserau – ein bywyd yn ei gyfanrwydd, ein diddordebau, ein gwaith, ein technoleg a phob datblygiad yn tystio i'r gobaith a goncrodd y bedd, ac a ddaeth â phopeth positif i mewn i'n byw a'n marw.

Amen

GWEDDI'R TYMHORAU

Rydym mor lwcus o'r tymhorau – nid yn unig tymhorau oes bob un ohonom a'u bendithion yn eu tro, ond cysur gwybod bod nodweddion arbennig i'r tymhorau yn eu tro. Cynhesrwydd haf, gwylltineb gaeaf.

Diolch am y fraint o gael sylwi ar y tymhorau fel petaen' nhw'n wirioneddol newydd am y tro cyntaf, a'r holl amrywiaeth sydd yn wledd i'r llygad a'r synhwyrau. Crychdonnau ar wyneb dŵr a hithau'n wynt, a harddwch Mai a'i thresi aur. Er bod rhai pethau yn ein byd yn newid, medrwn fod yn sicr o rai pethau hefyd.

Yn yr un modd, dydy Iesu Grist ddim yn newid, ac mae O yma i ni ymhob un o dymhorau bywyd. Cofiwn chwilio am yr arwyddion yn ein bywydau sy'n dweud wrthym dro ar ôl tro fod Iesu Grist yn dda wrthym, ac i werthfawrogi'r rhoddion arbennig hyn.

Amen

DECHRAU BLWYDDYN

Arglwydd, diolch am Ionawr a Chwefror,
am ein dysgu ninnau i gael hoe
fel y cysga'r ddaear,
tra bo'r rhewynt yn ei anterth
yn bwyta i mewn i'n croen,
a'r pridd ynghlo.

Dysg i ninnau hefyd ymdawelu
a disgwyl am eirlysiau o obaith,
gan fodloni ar aeafu
o flaen ein tanau am y tro.

Amen

GWEDDI'R PLENTYN

Diolch Dduw dy fod Ti yn Dduw sy'n rhoi'r plentyn yn y canol.
Gweddïwn dros bawb sy'n cefnogi a gweithio dros
Gymdeithasau atal creulondeb i blant a phobl ifanc.
Helpa i ni lynu wrth gariad a chenadwri dy Fab gyda'i ofal
arbennig dros blant a'r diniwed, a'i bwyslais ar roi
diniweidrwydd yng nghanol ei Deyrnas.

Rho lygaid i ni weld poen eraill, calonnau i ymateb i
anghenion eraill, a rho ddwylo i ni wasanaethu eraill – yn
arbennig dy blant a'th bobl ifanc – ein dyfodol ni oll.

Amen

DWYLO DUW

Dwi'n edrych ar fy nwylo,
yn eu dal nhw o flaen fy ngwyneb.
Dwi'n eu harogli,
eu blasu,
yn eu rhwbio yn erbyn fy moch.
Dwi'n nabod y dwylo yma yn well na neb,
ac eto prin dwi'n eu nabod nhw o gwbl.
Ar ddiwedd fy mreichiau
y mae dwylo Duw.

Taswn i'n ti, Dduw,
mi fuaswn i'n newid y byd,
llenwi boliau gweigion,
gwella cyrff drylliedig,
adfer cydbwysedd rhai a'i collodd,
dod o hyd i'r colledig,
baglu'r pwerus,
llonni'r trist,
goleuo'r rhai dryslyd.

Mae pobl yn cysidro ti'n gwybod –
pam dwyt ti ddim yn rhyddhau'r gwystlon,
tawelu'r saethu,
stopio'r bomiau,
pam nad wyt yn ymyrryd mewn gwleidyddiaeth,
pam nad wyt ti'n deffro cydwybodau'r rhai hynny
sy'n dal pobl yn garcharorion cydwybod?
Pam nad wyt yn dymchwel rheolaeth unben,
gwneud pawb yn llysieuwyr,
rhwystro traffyrdd rhag rheibio'r fforestydd,
oergelloedd rhag dileu'r haen osôn,
pam nad wyt yn rhoi heibio hiliaeth, ymddygiad rhywiaethol,
rhagfarn oed a maint,
a dileu anghrediniaeth wrth gwrs.

Taswn i'n ti,
mi fuaswn i'n ystyried
ei bod hi'n amser i wneud rhywbeth.
Mi fuaswn i'n torchi llewys.
Taswn i'n ti, Dduw,
fuaswn i ddim wedi gwneud pethau yn dy ffordd di,
yn gosod dy ddwylo ar led ar gyfer y byd hwn
dim ond i ni eu hagor ymhellach,
gweld ein bod ni angen help llaw,
ac yna rhoi dwy i ni.

(Addasiad o waith Martin Wroe)

GWEDDI GOFOD I TI

Diolch am ofod yn ein bywydau, ac am y cyfle wedyn a rown i ti
fedru llenwi'r gofod. Pan ddechreuwn wneud gofod, dyna pryd
rwyt ti yn siarad efo ni.
O wneud gofod, mae 'na le, mae 'na heddwch ac mae 'na
bosibiliadau.
Gad i mi greu gofod i Ti bob dydd.

Amen

Wrecsam yn yr Eira

SUL Y TADAU

CARIAD TADOL

Mae Dameg y Mab Afradlon yn stori sy'n siarad am Gariad a fodolai cyn i unrhyw wrthodiad fod yn bosibl, ac sydd yn dal yno ar ôl i'r gwrthodiadau ddigwydd.

Un amcan oedd i holl fywyd a phregethu Iesu: sef i ddangos cariad tadol a mamol diamod a diderfyn ei Dduw, ac i ddangos ffyrdd i ni o adael i'r cariad hwnnw arwain bob rhan o'n bywydau o ddydd i ddydd . . . Cariad sydd wastad yn croesawu adre, wastad eisiau dathlu.

Fel plentyn dychweledig at Dduw, a wahoddwyd i gymryd fy lle yn ôl yn nhŷ fy Nhad, y sialens, ia'r alwad yn awr, yw bod yn ymgorfforiad o'r Tad fy hunan . . . Rwyf rŵan yn gweld fod y dwylo sy'n maddau, yn cysuro, yn iacháu a chynnig pryd o ddathliad yn gorfod dod yn ddwylo i mi.

(Addasiad o eiriau Henri Nouwen o'i gyfrol *In My Own Words*)

GWYRTH AR DDYFRDWY
(Llangollen)

Haul gwanwyn cynharaf
yn ail ganfod disgleirdeb
mewn dŵr a fu mor wyllt.
Hen frigau yn ymsythu
a sudd cyfarwydd yn ail–gydio
a'r olygfa o'r bont wrth i'r trên
gymylu i fyny'r Cwm.

Dadmer mae'r llynnoedd rhew
i wenu gwên dirionach,
mae min y creigiau yn colli eu gerwinder,
ac atgofion o raffau'r haf
yn hongian yn ddisgwylgar uwch y lli,
ac addewid am ddawns a nwyf yn eu siglo disgwylgar
pan ddaw Gorffennaf.

Y cerddwyr yn llwybreiddio yn ôl
i dystio i'r wyrth ar Ddyfrdwy,
yn cael eu harwain gan ryw hen reddf
na ellir ei grynhoi mewn geiriau,
dim ond ei deimlo
yma.

Yn llygad haul Mawrth
mae gwyrth eto ar gerdded,
a hen hanfodol swyn
mewn craig a llif a choeden,
a sglein ar ddŵr.

AMRYW O WANWYNAU

Eisiau amryw o wanwynau fel hyn eto,
lle mae min oer yn troi'n dynerach
a'r galar yn troi'n ddagrau cynnes llawenydd,
lle mae'r heli fu mor ewynnog
yn las olau ffeindiach,
ac ailgynnig yn cael ei roi i ni
am ein camweddau
i gael gwneud Dy Waith.

Mwy o wanwynau i weld eira caled
yn meddalu ar gopaon Eryri,
a mwy o wanwynau i fedru caru'n well
fel yr wyt Ti yn caru dy greadigaeth
yn ei hadnewyddiad.

Mwy o wanwynau.
Mwy, mwy o wanwynau
i wireddu dy wanwyn Di.
Galaru ehedeg y cyfan mor sydyn,
rhy fyr i'n penderfyniadau.

Pan dry'r awel oer yn fwynach,
daw'r gobaith drachefn am gyflawni gobeithion.
Pan dry'r awel oer yn fwynach
gellir camu 'mlaen â breuddwydion eto.
Pan dry'r awel oer yn fwynach,
nid oes rhaid esbonio, dim ond bod.

Gan fynnu ein cyfran
o'r machlud eirias, coch yn y Bae,
gwenwn drachefn ar y dyddiau
gan obeithio am fwynder yn ôl.

ABATY DINAS BASING

(Dyffryn y Maes-Glas, Treffynnon)

Yn dy hedd,
yn dy dawelwch
o ganol dwndwr bywyd,
Abaty Dinas Basing.

Yn dy symlder,
yn dy fawredd
ynghanol cymhlethdod einioes,
Abaty Dinas Basing.

Yn dy barhad,
yn dy gadernid
ynghanol anghysondebau ein cyfnod,
Abaty Dinas Basing.

Yn dy adnewyddu,
a'th atgyfnerthu
ynghanol rhagrith ein rhawd,
Abaty Dinas Basing.

Canys yno caf gwrdd â Duw.

GWEDDI AMHERFFAITH

Defnyddia ni'r annheilwng ar gyfer dy waith – i ffurfio o'n amherffeithrwydd weithred gain o ymgysegriad eto i Ti. Er ein bod ni'n amherffaith, er ein bod ni'n hyn a'r llall yng nghlorian y byd, er ein bod ni'n feidrol, defnyddia ein gweithredoedd i hyrwyddo dy Deyrnas Di, a helpa ni i dy ganfod Di ynghanol trychinebau a siomedigaethau bywyd.

Helpa ni i werthfawrogi'r Un Weithred ddi-droi'n-ôl honno a wnaeth Iesu ar y Groes drosom ni, i ddangos i ni ddyfnder ei Gariad, sy'n gorchfygu dagrau byd, ac uniaethu â dagrau pob sefyllfa.

Amen

GWEDDI GŴYL DDEWI

Diolchwn ar ŵyl Dewi am ein hetifeddiaeth amgylcheddol, a diwylliannol, a'r modd y mae ein hetifeddiaeth Gristnogol yn plethu drwy'r cyfan. Cofiwn am rybudd Lewis Valentine nad oedd ganddo fawr o ddiddordeb yng Nghymru os nad oedd hi'n wlad a oedd yn cofio am brif egwyddorion Crist wedi eu gweithredu yn ein hymwneud â'n gilydd.

Heddwch ar ddaear lawr, gan ddechrau'n fy nghalon i,
Heddwch ar ddaear lawr, yr hedd a fwriadwyd i ni;
A Duw'n Dad trugarog, brodyr oll ym ni,
cerddwn oll gyda'n gilydd , mewn hedd a harmoni.

Sicrha ein bod yn trosglwyddo'r gwerthoedd gorau hyn ymlaen yng nghalonnau'r genhedlaeth nesaf "fel y cadwer i'r oesoedd a ddêl, y glendid a fu". Helpa ni i ganfod dulliau newydd o wneud Iesu a neges Dewi yn berthnasol unwaith yn rhagor yng Nghymru'r ganrif newydd.

Boed i ni ganfod dulliau newydd i hyrwyddo Cymru, cyd-ddyn a Christ, sef arwyddair Urdd Gobaith Cymru, a chynsail y traddodiadau gorau yn ein cenedl. Pâr i ymwybyddiaeth newydd ddod i ieuenctid o gyfoesedd a pherthnasedd Iesu Grist y Person a'r Duw sy'n goron ar yr arwyddair.

Gofynnwyd y cwestiwn – beth fuasem â balchder ohono petai'r ddaear yn codi o dan ein traed unwaith eto yng Nghymru? Balchder o sefyll dros y pethau gorau – dros Gymru'n gwlad. Yna i ddeall eraill yn well a dysgu mwy am gyd-fyw a pharchu credoau eraill a gweld y tebygrwydd aml sydd ym mhrif themâu'r credoau oll. Diolch am bob cred sy'n tystio i rym mwy na ni ein hunain, ond yn goron a phenllanw ar y cyfan i ninnau, diolch am Iesu. Daeth Iesu'n nes na neb arall i ddangos i ni sut i ymddwyn tuag at ein gilydd, ac i roi i'r byd dangnefedd. Fel mudiad yr Urdd, mynnwn ninnau hefyd gadw'r Crist yn ein harwyddair bob dydd o'n hoes, gan fod ei Gariad a'i Ysbryd yn rhan annatod o'n cenedl.

Amen

BYDDWCH LAWEN
(Gŵyl Ddewi)

Dad ein rhoddion, fe anfonaist
    drwy'r canrifoedd atom ni,
lu cenhadon doeth i'n dysgu
    ac i'n harwain atat Ti.

Heddiw ar ddydd Gŵyl ein Nawddsant
    diolch yn arbennig wnawn –
cawsom fraint o'i gael i'n tywys,
    rhoddwn glod am rym ei ddawn.

Pan fo'n byd yn llawn treialon,
    anawsterau ar y daith,
cofiwn am ei gyngor inni,
    "Byddwch lawen wrth eich gwaith."

A phan fo'r cymylau'n cronni,
    A thywyllwch ar bob llaw,
Cadw'n gobaith yn ddi-syf,
    cadw'n ffydd, gorchfyga'n braw.

Rho ein calon yn ein gorchwyl,
    ar ein siwrnai tua'r nef,
Chwilio allan bethau bychain
    i'w cyflawni fel gwnaeth ef.

Olwen Canter

PENLLANW
(o Ben y Cei, y Bermo)

Aur Fawddach, aur yr hesg
llonyddwch y dŵr
a chopa'r Gader yn wyn.
Crychdonnau bach yn anwylo'u hunain at y lan
a'r Bermo wedi goroesi Gaeaf arall.

Y penllanw heddiw
yn digwydd mor dawel, heb ddweud wrth neb,
dim ond bod y llinell yn araf gilio
yn gadael ôl ei dafod ar y graean.

O na fyddem ninnau fel tawelwch y penllanw –
yn ddiymhongar,
heb fod isio tynnu sylw,
yn dal ati, yn goroesi.
Fel y post olaf yn sleifio i ffwrdd yn ddisylw,
neu'r bws hwyrol, gwag ar ei ffordd adref.

Fel gwir ddiffuantrwydd,
fel gostyngeiddrwydd ar ei buraf,
daeth y penllanw mor drawiadol
fel pluen eira unigol yn disgyn.
Fel y gwrido swil ar y bryn draw
sy'n flaenffrwyth Mawrth,
a'r hen awydd hwnnw i fyw
sy'n Basg o obeithion.

GWEDDI'R LLEF DDISTAW FAIN

Diolch Dduw am ailgynnau gobaith ynom yn dy adegau tawel, pan gawn rannu ein hofnau â Thi. Weithiau Dduw mae pobl eisiau dy gymhlethu Di i'r fath raddau; weithiau Dduw mae pobl eisiau peri i eraill deimlo'n anghyfforddus, gan ddefnyddio terfynau dynol i roi gofynion arnat Ti. Mewn gwirionedd dy symlrwydd maen nhw'n ei geisio.

Maddeua i ni am dy orgymhlethu Di, a boed i'th Ysbryd ein cyffwrdd mewn mudandod mwyn, neu mewn gwefr, ond ein cyffwrdd yn ei symlrwydd ynghanol ein bywydau beunyddiol cymhleth.

Amen

GWEDDI CARU GELYN

Gweddïwn dros bawb sy'n tynnu'n groes i ni neu wedi ein tramgwyddo, am bawb sy'n ein canfod yn anodd ymwneud â nhw. Gweddïwn am gyd-ddealltwriaeth well, a'r cryfder i garu gelyn yn fwy effeithiol na'n mudandod cyhuddgar. Maddau i ni am bob tro yr ydym wedi peidio â chydnabod llwyddiant eraill yn llawen, tra oeddem yn ei chwenychu yn hytrach ein hunain. Maddau i ni am wneud llwyddo yn gymaint o faen melin i bobl eraill, ac i sylweddoli fod gennym oll ein cyfraniad i'w wneud.

Dysga i ni mor felys yw maddeuant pan mae'n amlygu ei hun. Cofiwn am eiriau bythgofiadwy'r diweddar Gordon Wilson o Enniskillen wedi marwolaeth ei annwyl ferch Marie mewn ffrwydrad: "Dw i ddim yn dal dig, dydy siarad brwnt ddim yn mynd i ddod â Marie yn ôl . . . does gen i ddim ateb, ond dwi'n gwybod fod yna gynllun. Mae hyn yn rhan o gynllun mwy, ac mae Duw yn dda." Diolch am bobl fel hyn sy'n gallu maddau i'w gelynion yn gyhoeddus, a helpa i ni adeiladu pontydd yn lle eu chwalu, ysgwyd llaw yn lle dangos dyrnau.

Cadwn ni'n iach ein gweithredoedd a'n meddyliau. Gwna ninnau yn fwy parod i deithio'r 'filltir arall' efo pobl a dysgu'r rhesymau pam y maent yn gorfod ymddwyn fel ag y maent. Rho i ni hyder wrth gofio geiriau trawiadol Thomas More, 'y gŵr ar gyfer pob tymor'. Maent yn dweud y cyfan am grefydd yr ail filltir. Arglwydd cofia nid yn unig y gwŷr a'r gwragedd o ewyllys da, ond hefyd y rheiny sy'n dymuno drwg i ni. Paid â pheri'n unig i ni gofio'r holl ddioddef yr arteithiwyd ni ag o, ond hefyd i gofio'r modd y bu i ni elwa drwy'r dioddef. Sut y bu i ni ganfod ein cyfeillgarwch, ein teyrngarwch, ein gwyleidd-dra; a chofio'r hyder, yr haelioni a'r galon fawr a dyfodd allan o hyn oll. A phan ddaw'r bobl hyn o flaen eu gwell, boed i'r holl elw a gawsom ni fod yn faddeuant iddynt.

Gwna ninnau'n bobl y filltir arall – yn ddoeth a gwyliadwrus, ond yn llawn parodrwydd i ailddangos Cariad Crist.

Amen

O'R GWEDDNEWIDIAD I'R GROES

Boed i ni barchu tystiolaeth disgyblion Crist ar hyd yr oesau, yn arbennig ar fynydd y Gweddnewidiad : 'Hwn yw y Crist, gwrandewch Ef'. Ymhyfrydwn ym mhrofiadau pen y mynydd, gan wybod yn ogystal bod taith anorfod i lawr i'r dyffryn islaw – ac at ddinas a bryn – ar y gorwel.

Cofiwn a gwerthfawrogwn y Groes enbytaf honno lle'r hoeliwyd holl erchyllterau a thywyllwch eithaf bywyd. Hefyd, ein tywyllwch eithaf ninnau, gan gynnig i ni obaith ac ymwared, a chip ar y goleuni a bery byth.

Amen

GWEDDI ANIALWCH A GRAWYS
(Wedi darllen gwaith Susan Sayers)

Ar daith y Grawys eleni, O Dad cariadus gofynnwn ein bod yn gweld yn fwy eglur ein hangen amdanat, a maddau i ni am esgeuluso'r angen hwn.

Argyhoedda ni yn nyfnder ein bod ein bod ni yn parhau yn bobl i Ti, a dyro i ni'r gras i ddysgu gennyt beth yw ystyr hyn yn ein bywydau amrywiol. Cofiwn Deled dy deyrnas, Gwneler dy ewyllys, a gofynnwn i hyn gael ei wireddu fwyfwy ynom ni, a'i sianelu at y pethau y medrwn eu gwneud a'u cyfrannu, er lles dy Deyrnas.

Arglwydd grymus a gostyngedig, wnei di newid ein ffordd o edrych ar bethau, neu'r ffordd rydym yn dirnad profiadau'r anialwch - er mwyn i ni fedru gweld dy dosturi mawr. Wedi ein harwain gan dy Ysbryd o'n mewn, wnei di sicrhau ein bod ni'n treulio amser o ansawdd efo Ti, gan ddysgu ymdawelu yn dy bresenoldeb, gan dy addoli mewn ysbryd a gwirionedd.

Cofiwn Arglwydd am y modd yr wyt Ti yn arwain drwy'r anialwch yn ein bywydau ni bob un, a boed i ni gofio'r bore 'ma am rai sydd ynghanol anialwch chwerw bywyd. Ti yw'r Bugail

Da sydd yn arwain dy bobl yn ofalus drwy'r dyffryn tywyll du yn ogystal â'r porfeydd gwelltog. Dysga i ni garu ein gilydd fel yr wyt ti yn ein caru ninnau, gan fod yn effro i anghenion ein gilydd, gan helpu ein gilydd yn ein dyffrynnoedd du ninnau, pan fo'r anialwch yn faith a didostur. Dysg ni i rybuddio ein gilydd o beryglon.

Diolch pan gollwn ein ffordd, a phan na allwn ryddhau ein hunain o afael pechod, dy fod ti eisoes ar y ffordd i'n cyfarfod â'th wialen a dy ffon i'n cysuro, ein canfod, a'n dychwelyd i ddiogelwch.

Ysbryd y tragwyddol Dduw, sy'n trigo ynom, ac ynot rydym yn byw, diolchwn am y modd yr wyt yn tywallt dy Gariad arnom, gan roi i ni yn wastad llawer mwy na'r hyn yr ydym yn gofyn amdano, gan ein llenwi ni i gyd â'th heddwch a'th lawenydd. Deallwn nad ydy'r ffynnon hon o dy fywyd Di ynom ni ar ein cyfer ni yn unig – ond er lles eraill. Boed i ni fawrygu'r dŵr bywiol hwn yn ein bywydau, gan yfed ohono'n fynych. O drochi ein bywydau ynot Ti helpa ni i ddisgleirio ac adlewyrchu dy Gariad Di i eraill, gan helpu eraill i ganfod eu bodlonrwydd, a chyflawnder ynot Ti.

Amen

GWEDDI SUL Y MAMAU

Diolchwn heddiw o Dduw Dad am famau, ac am y cyfle a
gawsom i fod yn blant i'n mamau arbennig – i chwarae,
mwynhau ac i gael bod yn ddiniwed "cyn dyfod y dyddiau
blin".

Cofiwn am deyrnged drawiadol Eirlys Hughes y bardd o
Lyndyfrdwy i'w Mam. Gwraig a fu'n gweithio'n galed ar y fferm,
yn graig a chadernid i'w theulu. Mae Eirlys yn nodi'n gofiadwy
ei bod hi'n gobeithio fod rhai o'i rhinweddau bellach yn rhan o
wneuthuriad ei chymeriad hithau.

> "Mam, ac ar ei dwylo
> aroglau
> godro; mwg tân coed,
> a throchion diwrnod golchi.
> A phan ddeuai'r Sul
> aroglau camffor oddi ar ei menig
> ar fy nwylo i yn troi'r Sul yn swyn.
>
> Mam ac yn ei llygaid
> roedd cariad ac addfwynder
> a thawelwch,
> yn cysuro
> yn anwesu ac annog,
> a phob amser yn llawn maddeuant."

Er i Eirlys golli ei Mam yn rhy gynnar mewn bywyd,
mae'r cylch yn parhau:

> "Heddiw,
> gweddïo am i ychydig
> o rinweddau fy mam fod
> yn rhywle yn fy ngwaed.
> A minnau'n fam fy hun."

Amen

Y GROES AR Y WAL

Yr adegau dw i wedi cusanu'r Groes
weithiau'n eiddgar,
weithiau'n ymbilgar,
bob amser yn ddiolchgar,
ynghanol hoen, ynghanol argyfwng.

Yno trwy'r cyfan,
y Groes las yn crogi
ar wal y landin.

Haul y bore arno'n llachar
ac yn her,
Haul yr hwyr a chynhesrwydd
melyn y lamp
yn adlewyrchu'n gysur.

Adlewyrchiad ar y groes fawr las
sydd yn fy nghalon.

YR WYTHNOS SANCTAIDD

(Cadeirlan Barcelona ar orig dawel cyn y Pasg)

Roedd gwragedd yno eto
wrth droed y Groes
yn eistedd yn ddiymadferth ym Marcelona
ar yr Wythnos fawr,
a môr o ganhwyllau coch
wrth i un fyseddu gorsafoedd y llaswyr.

Roedd 'na ystyried a syllu ar dy Groes
ym Marcelona,
ac yn y môr o orsblander
ymdrech am sbel
i uniaethu â gwewyr mor fawr.

Ambell ŵr llygaid cyforiog yn loetran,
blas canhwyllau'n pwyso'r awyr
a gwyddau gwyllt y clwystai
yn seinio hen wae na all neb ei osgoi.

Gwewyr fel y gall gwragedd wastad ei amgyffred,
fel y gall mamau ei deimlo.
Eistedd tawel digynnwrf
gerllaw'r tafodau tân a ddawnsient
ar orig dawel o'r pnawn ym Marcelona.

GWEDDI'R BRADWYR

Annwyl Iesu, maddau i ni pan fuom yn fradwyr –
pan yr ydym wedi cyd-gynllwynio â phwerau dieflig i frifo
eraill,
i frifo rhai yr ydym yn malio amdanynt.

Annwyl Iesu, y Crist cariadus,
cysgoda ni pan ydym wedi ein bradychu –
sigla ni yn dy freichiau tyner,
breichiau a welodd frifo y tu hwnt i unrhyw beth yn ein
dychymyg.

Dal ni'n sicr yn dy fynwes, yn anwesu'r boen a'r ofn,
yr euogrwydd a'r dicter hyd nes y bydd yn codi fel cwmwl tyner
o'n heneidiau
gan ganiatáu i ni anadlu unwaith yn rhagor.

Gofynnwn hyn yn Dy enw,
Amen

(Addasiad o ddeunydd Grawys Ynys Iona)

YR 'HASSLES' A'R HWYL

Yn adeg Iesu yr oedd Cristnogion yn gorfod wynebu bygythiadau o bob math, ac y mae'r un peth yn wir i bobl ifanc heddiw. Cefais fy mhrofi ers rhai blynyddoedd bellach yn yr ysgol, ac rwy'n siŵr fy mod yn siarad tros lawer o rai eraill tebyg i mi sydd yn yr un sefyllfa heddiw.

Rwyf yn cofio pan oeddwn yn ifanc, ac yn llai fy maint, ac yn casáu hysbysebu'r ffaith fy mod i'n Gristion ac yn credu mewn Duw. Byddai fy ffrindiau yn tynnu fy nghoes ac eraill yn dweud pethau mwy brwnt – hyd yn oed nes oeddwn yn bedair ar ddeg oed. Erbyn heddiw, a finnau'n ddwy ar bymtheg oed y mae pethau wedi newid ychydig - rwyf finnau wedi tyfu ac yn hogyn mawr. Mae'r broblem herio ychydig yn llai. Ysgwn i pam tybed?

Erbyn hyn tueddu rhywrai i feddwl fy mod yn foi sych ac anniddorol oblegid fy mod yn Gristion ac yn hogyn mam yn gwisgo'n daclus i fynd i'r Capel ar y Sul. Ond yna yng Nghanolfan Ieuenctid Coleg y Bala, rwyf yng nghanol ffrindiau go iawn ac yn teimlo'n gartrefol iawn. Nid boi sych ydw i – tydi fy ffrindiau gartre ddim yn adnabod y gwir Gareth.

Yn yr ysgol mae gen i ffrind rhyfedd iawn, wel mae'n dechrau dod yn ffrind go iawn i mi bellach. Yn y wers Ffiseg yn yr ysgol, does neb llawer yn talu gormod o sylw ac y mae amryw ohonom yn mentro i gael sgwrs â'n gilydd. Ta waeth, bob gwers Ffiseg, roedd hwn a'i geg fawr yn fy ngwawdio am fy mod yn credu. Cymerai pob mantais i wneud hwyl am fy mhen. Ymhen ychydig, wedi tair neu bedair o wersi penderfynais fod rhaid gwneud rhywbeth. Holais fy hun ac ef hefyd pam fod hwn cymaint yn fy erbyn i a'm Duw, a'r ffaith fy mod i'n Gristion. Ar y dechrau doedd ganddo fo ddim ateb, ond fe wyddwn i mai ei anwybodaeth oedd wrth wraidd y broblem. Gwyddai fy ffrind yr un dim am y bywyd Cristnogol, nac ymddiried yn Nuw, ac o'r herwydd gwnâi sbort am fy mhen yn rheolaidd. Doedd pethau Cristnogol ddim yn rhan o'i brofiad fel person ifanc.

Ymhen ychydig, dechreuais sôn wrtho am Iesu Grist, ac o dipyn i beth y mae yntau hefyd rŵan yn dechrau ystyried yr hyn a ddywedais wrtho am Iesu. Erbyn heddiw, y mae'r tynnu coes wedi peidio, ac y mae yntau yn agor y sgwrs i holi mwy am Iesu. Y mae'r gymdeithas a gefais yng Nghanolfan Ieuenctid Coleg y

Bala wedi fy helpu i sôn wrth eraill am Iesu , ac i wynebu'r her o fod yn Gristion go iawn gan gymryd yr 'hassles' gyda'r hwyl. Ydy, mae hi wedi bod yn anodd, ond mae'n werth yr ymdrech. Diolch i Dduw.

(Tystiolaeth Gareth 17 oed o Gaernarfon ar gwrs ieuenctid yng Ngholeg y Bala)

GWEDDI'R POENI

Diolchwn i Ti am fod yn Dduw sy'n ein cynnal ni drwy ein pryderon.
Diolch Dduw dy fod Ti efo ni yn ein poeni, gan i ti fyw poeni llawer mwy – y poeni eithaf wrth wynebu dioddefaint y Groes. Diolch dy fod Ti yn uniaethu â'n poen ni pa mor fach bynnag mae'n ymddangos o'i gymharu â'r Groes. Ar y pryd mae'r poeni yn fawr i ni, a dwyt Ti ddim yn bychanu ein dioddef.

Rwyt Ti'n gwybod a deall hynny am dy fod yn Dduw'r iselfannau yn ogystal â'r uchelfannau, yn Dduw 'cymdeithas dioddefiadau Calfarî'. Rwyt Ti'r un mor bresennol a pherthnasol ar ben y mynydd ac yn y dyffryn tywyll du.

Yn y cywair hwn mae geiriau crefftus Aled Lloyd Davies yng *Nghaneuon Ffydd* yn dweud y cyfan, a diolch amdanynt:

Yn oriau tywyll ein hamheuon blin,
    a'r wawr ymhell;
ynghanol cors ein hanghrediniaeth ddu
    mewn unig gell;
O deued atom chwa o Galfarî
I ennyn fflam ein ffydd a'n harwain ni.

Ym merddwr difaterwch gwag y byd
    a'i werthoedd brau;
a niwloedd llonydd ein difrawder llesg
    o'n cylch yn cau;
O deued cynnwrf awel Calfarî
i ennyn fflam ein ffydd, a'n hysgwyd ni.

Ym marrug ein bydolrwydd, egin gwyrdd
    sy'n crino i gyd;
A rhewynt materoliaeth ddreng ein hoes
    sy'n deifio'n byd;
O deued gwefr y gwynt o Galfarî
I ennyn fflam ein ffydd, a'n deffro ni.

Yng nghân y ceiliog, fe'n cyhuddir oll
　　mewn llawer man;
Ac ofn y farn gyhoeddus sy'n ein gwneud
　　yn llwfr a gwan;
O deued nerthol gorwynt Calfarî
i ennyn fflam ein ffydd a'n herio ni.

Amen

CALFARIA
(O'r awdl 'Dwylo' gan John Evans. Mae'n addas i'w defnyddio mewn gwasanaeth Cymun)

Rhoi'r Gŵr briw ar y garw Bren
A'i ddurio wrth y dderwen.
Yr Iesu dall, diallu –
Pur Oen Duw, ar y Pren du.

Hir awr drist, hir awr o dranc,
Dyna ofid Dyn ifanc;
Ac uwch glyn, yn goch a glas,
Awyr dân ar fur dinas.

Y llu syn ar y lle serth
yn oedfa ddiymadferth
neu goch li – ôl gwayw a chledd –
A'r rhwyg trwy fronnau gwragedd.

A drylliog fam y mamau
Ar awr hir, hir, yr hwyrhau,
A baich gwagedd ei gweddi
Yn wyn tost trwy'i henaid hi.

(O'r awdl 'Dwylo', Eisteddfod Genedlaethol Aberystwyth 1952.)

CERFIO DUW
(Groglith)

Cerfiwch Dduw o'r tywyllwch gyda ffydd, fel glöwr yn cloddio
glo o bwll.
    Cerfiwch Ef â ffydd, yr unig arf sydd ar ôl yn y
tywyllwch a fodola is y ddaear, ar waelod y pwll.
    Unwaith y canfyddwch Dduw yno, ni fydd raid pryderu.
Fe wyddoch wedyn bod modd canfod Duw ym mhob man.

Amen

GROGLITH RHUFAIN
(Nos yn Eglwys Santa Maria Maggiore)

Hon yw'r fangre ddistaw
er bod rhu traffig y tu allan;
yn ystod yr wythnos sanctaidd
unigolion
yn igam-ogamu
o flaen y Groes
ac uwchlaw Mair,
yn aros yma'n llonydd.

Hen ac ifanc
yn penlinio
mewn hen farmor
eto.
Llafarganu 'Ein Tad'
a'r gŵr ifanc â'r llygaid disglair
yn byseddu ei baderau,
ac addfwynder y tu hwnt i addfwynder
yn ei lefaru:
"Santa Maria".

Cael eich derbyn
yn syth
i'r tawelwch y tu hwnt i ieithoedd.

"Gwna fi yn fwy parod
i dystio i Ti."

Dim isio gadael y nenfwd ysblennydd
yn ei Groglith dilewyrch
heno.

Y Groes
a Mair
a'r fforddolion
niferus, rhyfedd, brith
hyn.

FFRIND

Ti fydd fy Seimon drwy'r blynyddoedd
yn dwyn baich fy unigrwydd
o Cyrene
yn dringo â'n gilydd
yn erbyn pwysau'r farchnad
ein Calfaria,
yn torri ein bodiau
ar wastraff dyddiol ein cwympiadau
a'n siomedigaethau.
Ti
drwy bob gwefr a gwewyr
nwyf a nos,
rhagof fi
yn hyn o fyd
na ad i Dduw fyth ei guddio,
nac yn ei Gariad
wneud dim a all mewn unrhyw fodd
amharu arno.

(Addasiad o gerdd Ralph Wright)

Y GROES GYFOES

Darluniau o ryfel, cyrff difywyd yn y llaid,
Darlun clawr blaen o ddamwain car, olion ar wasgar hyd y
ffordd.
Perthynas dynol yn peidio â bod, y dioddef a'r poen ymenyddol,
Unigrwydd rhai heb neb i'w caru,
Teimladau ynysig y rhai wedi eu neilltuo oherwydd hil, lliw neu
gredo,
Y rhai â digalondid sy'n pwyso mor drwm.
Ansicrwydd a dibyniaeth yr un sy'n gaeth i gyffur neu botel.
Dioddef gwraig sy'n cael ei churo, neu'n dioddef artaith
feddyliol,
Loes y dyn, y ddynes neu'r plentyn sy'n HIV.
Y poenau a ddaw yn sgil henaint,
Breuddwydion neu obaith am fyd gwell wedi eu chwalu,
Artaith, poenydio, gormes.

(Rhydd addasiad yn seiliedig ar fyfyrdod John Repath
yn ei lyfr *Bilberries and Tickled Trout.*)

DADMER Y GROGLITH

(Cyhoeddwyd Cytundeb Heddwch yng Ngogledd Iwerddon ar ddydd Gwener y Groglith o eira ac oerfel.)

Diferion eira nad oes meddalu arnynt,
gwydr a falwyd neithiwr
yn dal i grensian dan draed.
Fel prynhawn Gwener y Groglith
roedd byd natur wedi drysu.

Daeth Crist i lawr o'i groesbren
y Groglith hon,
daeth y Groes wag yn fuan.
Disgleiriodd hen grocbren o ddydd.

Yn Swper Olaf Stormont
rhoddwyd y gorau i arfau,
soniwyd am estyn dwylo'n goflaid,
ac nid eu rhoi ar led.

Dechrau dewrder y camau cyntaf,
a gobaith yn meirioli min yr eira,
ei gymeradwyaeth i'w glywed wrth gwympo o'r toeau,
ei chwerthin yn y cwterydd.
Dadmer yn diferu enfys.
Palmwydd hwyr
yn cael eu gwasgaru'n ysgafala.

GWENER Y GROGLITH

Mae'r Eglwys mewn tywyllwch heddiw
i'r ddau neu dri
yma yn anrhefn yr oriau du.

Y *chaos*,
y methu deall na dirnad,
y trobwll meddwl,
y crochan o emosiwn –
mae'r Eglwys yn ei du heddiw
i geisio deall dyfnder dy loes
a duwch ein bradychu.

Yr Eglwys liwgar fanerog
yn ei dillad angladd heddiw
i gofio Ef.
I gofio Ef
all godi'r pwn
a'r beichiau
a'r ofnau
a'r gwewyr
a'r poeni
sy'n darnio ei fyd O.

Mae'r Eglwys yn ei du
a chaeaf lygaid
i uno â'r duwch dros dro hwn.
Duwch,
ac eithrio'r haul y tu hwnt i'r gwydr
sy'n cyhoeddi gwawr y byddwn yn ei synhwyro'n llawn
ymhen tridiau.

BENDITHION Y GROES

O Arglwydd Iesu Grist,
tydi Oen Duw, sanctaidd a difrycheulyd,
yr hwn a gymeraist arnat dy hun ein pechodau
a'u dwyn yn dy gorff ar y groes:
bendigwn di am bob baich a ddygaist,
am y dagrau oll a wylaist,
am y poenau i gyd a ddioddefaist,
am yr holl eiriau o gysur a leferaist,
am dy holl frwydrau â galluoedd y tywyllwch,
ac am dy fuddugoliaeth dragwyddol
ar bechod a marwolaeth.
Gyda'th bobl di ym mhob man,
rhown i ti glod ac anrhydedd
a gogoniant a bendith,
yn oes oesoedd.

Amen

(Pryderi Llwyd Jones o safle gwe Capel y Morfa, Aberystwyth.)

EMYN

Pan gawn weled wyrth y cread,
  A'i ryfeddod nos a dydd;
A phan dreiddia ei orfoledd,
  Crist yn wrthrych mawr ein ffydd :
  O'r gogoniant !
  Crist yn wrthrych mawr ein ffydd!

Pan gaiff baban fu mewn preseb
  Ddôr i'r galon oer drachefn,
Cilio wna yr hen, hen ofnau,
  Hedd a chariad inni'n gefn.
  O'r gogoniant!
  Hedd a chariad inni'n gefn.

Pan fo galar yn ein llethu
  Gyda'i gur a'i hiraeth trist;
Pan fo byd yn cynddeiriogi,
  Mae adferiad gyda Christ.
  O'r gogoniant!
  Mae adferiad gyda Christ.

Pan ddaw gair ein Duw i'n galw,
  Oll i'w deyrnas yn gytûn;
A marwolaeth wedi'i choncro,
  Trwy awdurdod Iesu'i hun :
  O'r gogoniant!
  Sy'n awdurdod Iesu'i hun!

(Fe'i cenir ar y dôn Brynyffynnon. Gweler Detholiad 1997–1998. t. 22.)

TAITH

Haul ben bore yn hoelio'n cysgodion
yn ddidostur ar y ddaear lychlyd
a'n traed fel plwm.
Llosg-ddagrau'n cronni
a'n calonnau'n grin gan ofid.
Ninnau'n cludo'r perlysiau a'r eli
yn drist-drwm at y bedd.

Tawel y gorweddai'r ardd
a'r creigiau'n pelydru yn nhes yr haul.
Aroglau'r pridd byw yn hongian
ar yr awyr o'n cwmpas
a'r Teim yn llym dan gyffyrddiad ein traed.
Sawl glöyn byw yn hofran a chrynu
uwchben y Lafant a'r Rhosmari
a'r morgrug mân yn prysur ffoi ar frys trwy'r llwch
yn chwyrlïo o dan ein llygaid prudd.

Taenodd y Myrtwydd a'r Pinwydd eu sawr o'n cwmpas
a'r dail crynedig eu cysgodion brith.

 Yn flin-galon, a'n meddyliau'n corddi,
ynghlwm yn ein tristwch a'n hiraeth,
            [ond eto'n synhwyro'r haul
            a'r aroglau hudolus]
            daethom ar gyfer y bedd.

Mewn cryndod o arswyd
gwelsom y bedd
yn rhythu'n ddu
a'r maen
wedi ei dreiglo i ffwrdd.

Yn ddall o'r haul – mewn ofn a braw –
syllasom yn syn i'r gwyll.
Mewn cynnwrf gwyllt, gwelsom,
yn daclus ar lechen,
blygiad o ddillad gwyn,

a dau ffigur gloyw yn sefyll lle bu ei ben a'i draed.

Ymdroellai arogl cryf o Thus a Myrr o'n cwmpas
a threiddiodd eu gwenau i fêr ein tristwch.
Dywedasant wrthym am fynd i Jeriwsalem,
at y brodyr galarus, llwm-galon.

 Tawel oedd ein calonnau wrth ymadael a'r awyr yn las, las -
yr haul yn ein mwytho'n annwyl ac ehedydd yn esgyn,
esgyn yn dringo i'r glesni mewn cawod o gân,
a ninnau'n gwybod, yn gwybod!

Ni'n tair a welodd hyn,
myfi - Mair Magdalen,
a Mair, mam Iago, a Salome.

Dyma gychwyn y daith i ni sydd yn gwybod.

Dyma newid y byd i gyd.

Menna Jones

ATGYFODIAD

Dw i ddim yn gwybod beth yn union ydy atgyfodiad
(er mod i bron yn siŵr
fod ganddo rywbeth i'w wneud
efo cysegru'r tir comin).
Wrth gwrs, nid dyna'r cyfan ydy o.

Mae'n siŵr un diwrnod y bydda i'n deffro
a sylweddoli ei fod o wedi sleifio y tu ôl i mi
pan nad oeddwn yn edrych,
a hyd yn oed ei fod o yno ar hyd yr amser.

Cawn weld am hynny –
Does 'na ddim pwynt mewn trio gweld pethau
cyn i chi fod yn barod.
Rhaid i chi gerdded cyn i chi fedru rhedeg.

Yn y cyfamser,
dwi'n credu ynddo
ac mae hynny'n teimlo fel y cam cyntaf.

Am rŵan,
fel 'na mae hi.
Mae'n ddigon.

Kathy Galloway, Ynys Iona.
(O ddeunydd Wild Goose Publications)

CROES WAG

(Yn dilyn difwyno cerflun Eglwys Gatholig y Bermo)

"Dydy o ddim 'run fath
heb Iesu Grist ar y Groes"
Cyfeiriad ffwrdd-â-hi
gan wraig yn ein rhes ni
at y cerflun
a fu'n f'atgoffa beunydd –
"Trosom Ni".

Yn ei feddwdod penwythnosol
tynnodd rhywun yr Iesu dioddefus
o'i breswylfod ar y Pren.
"Na, ddim 'run fath
heb Iesu ar y Groes."
Dyfarniad diwyro, digapel.

Meddyliais,
a chynefinais
â'r groes wag
heb ddioddefaint arni.
Teimlwn ddathlu'r Fuddugoliaeth
sy'n drech na'r angau
a bortreadwyd gynt.
"Nid yw Ef yma."

ATGYFODIAD

(Ogof plentyndod Gellfechan, y Bermo)

Ogof ddu
y taflasom ambell i garreg
o ddymuniad a breuddwyd
i'w chrombil llaith,
pan atseiniai'r môr yn wastadol.
Lle yr actiwyd rhan yn ffilm antur ieuengoed.
wrth geg yr ogof
pan oedd y mynydd yn ifanc a'r awyr yn las golau.

Pan ddychwelais
roedd atgyfodiad pren ceirios gwyn
wedi amgáu pob duwch ac atsain;
a'i raeadrau arian bellach
yn rhwystro mynediad
yn ôl at hen gaer plentyndod gynt.

GWEDDI ATGYFODIAD

Y Crist byw
Arglwydd Iesu Grist,
trwy dy atgyfodiad nerthol
gorchfygaist bechod ac angau
a gwnaethost bob peth yn newydd.
Tyrd atom i'n llenwi â'th fywyd atgyfodedig dy hun,
i'n rhyddhau ni o bob digalondid
ac i'n tanio â gobaith a gorfoledd y Pasg.
Fel y daethost at Fair yn yr ardd
a throi ei dagrau yn llawenydd,
tyrd at bob un sydd mewn trallod,
profedigaeth ac unigrwydd,
a chofleidia hwy yn dy gariad.
Fel y daethost at dy ddisgyblion ar lan y môr,
a throi eu hofn yn hyder newydd,
tyrd at dy Eglwys ac at dy bobl heddiw
a gwna ni'n frwd a gwrol yn ein cenhadaeth.
Fel y daethost at Thomas, yr amheuwr,
a throi ei amheuaeth yn argyhoeddiad sicr,
tyrd at y rhai sy'n teimlo'u ffydd yn wan
a'r rhai sy'n cael anhawster i gredu,
a rho iddynt sicrwydd llawen ynot ti.
Fel y daethost at y ddau ar ffordd Emaus
a throi eu hanobaith yn orfoledd,
tyrd at y rhai sy'n teimlo'u bywyd yn ddibwrpas
a bydd yn gwmni iddynt ar eu taith.
Tyrd atom bob un
a thrwy rym dy fywyd atgyfodedig
côd ni o'n gwendid a'n methiant
a rho i ni hyder yn ein ffydd
a gorfoledd yn dy waith.

(Pryderi Llwyd Jones o safle gwe Capel y Morfa Aberystwyth)

PENNANT MELANGELL

(Sul y Pasg)

Briallu'n ffinio'r ffordd
lle mae'r eira'n toddi,
fel petai Melangell
wedi bod â hudlath mwyn
hyd yr heol hon i bendraw'r Cwm
er mwyn i ni gyrraedd dibyn Tangnefedd.

Meddyliais am y ffordd arall honno
a ddechreuodd mewn blodau
ond a ddiweddodd ar groesbren.
Ffordd nad oedd yn flodau i gyd, ysywaeth,
er i bobl daflu canghennau simsan eu gwenau
wythnos ynghynt.

Ond wedi tridiau'r terfyn
daeth briallu bythol i hollti'r beddau.

GWEDDI SUL Y PASG

Fe gafodd Uffern barti–dathlu bnawn Gwener d'wetha'.
Cuddiwyd yr haul mewn cywilydd a daeth y nos.
Boddwyd ein breuddwydion gan ddagrau'n siom.
Ciliodd gobaith-yfory-gwell gan blygu'i ben mewn digalondid.
"Ni a feddyliem mai hwn oedd yr un a waredai . . . "
Ond fe ddiffoddwyd y golau a'r gobaith
Yn dy groeshoelio di.
Daeth carchar marwolaeth a chlo maen-ar-fedd.
Gwacter ac anobaith a bedd ydy bywyd i ni bellach, Arglwydd.

Ond heddiw gwelwn faen wedi ei dreiglo,
Gwelwn olau mewn ogof,
a chofleidiwn, mewn llawenydd, egni cariadus
Y Crist Anorchfygol,
Na all marwolaeth ei rwydo
Na bedd ei ddal yn gaeth.
Yr Iesu byw,
'Pererin yr Oes Dragwyddol'
A fyn dorri trwy bob carchar
I brofi grym ei ostyngeiddrwydd.

Amen
(R.W. Jones yn y Goleuad)

GWEDDI'R PASG

Diolchwn i Ti, O Dduw, am dy fawredd, ac am roddi dy harddwch i ni bob amser yn dy gread, sy'n adnewyddu ei hunan drachefn. Hyd yn oed yn y gaeaf, yn y rhew a'r oerni, diolch nad oedd modd caethiwo a lladd bywyd, y bywyd sydd ar adeg y Pasg yn cyrraedd terfynau newydd. Diolch nad oes lladd i wneud arnat Ti, er ein bod ni'n mynnu dy fygu o'n bywydau yn aml.

Diolch am dy Basg, am dy fedd gwag, am y rhwyd yn llawn o bysgod, ac am y gobaith na ellir ei ddileu. Diolch am y niwl sy'n codi ar Drydydd Dydd ein pryderon, pan dry'r awydd i grio yn achos dagrau llawenydd.

Dysga i ni fod mewn cytgord gwirioneddol â'n gilydd, fel yr wyt Ti efo dy gread, yn mynnu darparu tystiolaeth o'th obaith di-ben-draw i ddynoliaeth.

Amen

PASG
(Eglwys St. Peter St. Paul, Leominster)

Dydd Llun y Pasg
gwelais dy Atgyfodiad
yn y safle a sefydlodd Dewi Sant.

Gwelais y Pasg
ym mywyd y lle,
a'r modd y plethwyd dynol gnawd
at aruchel waith.

Yn y bobl,
y blodau a'r bywyd,
dathlais Dy fywyd newydd,
a dotiais yn ddistaw bach
i Dewi fod yma gyntaf.

Dim hoelio heddiw,
dim tocio
dim trywanu ar bren y bywyd,
dim ond tangnefedd
y Gwanwyn gwyn
ym modelau'r plant,
a'r blodau
a'r bobl
yno.

GWEDDI BUDDUGOLIAETH Y PASG.

Diolchwn am wirioneddau'r Pasg a ddathlwn gydol ein hoes. Gwirioneddau sy'n gwneud cymaint o wahaniaeth i fywyd – daioni yn trechu drygioni, cariad yn drech na chasineb, bywyd yn drech na marwolaeth. Gwelwn droi gwendid yn gryfder, ofn yn hyder, amheuaeth yn ffydd. Rhydd Atgyfodiad ddechrau newydd i bob un ohonom, pan edrychai popeth fel petai wedi dod i ddiweddglo heb obaith.

Dysg ni i fyw bob dydd fel pobl Dy Basg. Gan i Arglwydd pob dawns oresgyn duwch y bedd, boed i hynny fod yn ystyr ac yn orfoledd i ni oll, a bydded i oruchafiaeth Iesu, tywysog Tangnefedd, oleuo pob cyfyngder. Diolch am Drydydd Dydd, a'r gobaith ddaw o ddyddiau gwell i ddod, fod y Bwlch yn glir eto, fod cyfathrebu'n bosibl, fod y twnnel wedi cael ei glirio, fod ffordd ymlaen yn bosibl.

Amen

Croes Cadeirlan Lerpwl

FFYNNON TRILLO
(Llandrillo-yn-Rhos)

Y groth leiaf
yn agored i'r môr,
ar fwy o glogwyn amrwd, serth,
yn fy nghof seithmlwydd.

Plygaf ben mor isel
yn y seintwar chwe chadair.

Ffynnon y negeseuon
fel adleisiau mewn cragen.
Gweddïau'r Ogof Wag
yn cywain yn ddisgwylgar, eofn,
a'r môr yn lleddfu'u min
gan sisial hen gyfrinach y cregyn.

Atgyfodiad,
Atgyfodiad.

PETAI

(Geiriau addas i alaw *'No Matter What'* o *Whistle Down The Wind*, Andrew Lloyd Webber.)

Petaem yn byw'n fwy graslon,
Pe trown ein nos yn ddydd,
Pe carwn ni'n cymydog
Fe wawriai Drydydd Dydd.

Petaem yn dewis gwenu
Petaem yn gwrthod llwyd
Petaem yn byw ein crefydd
Deuai eraill mewn i'r rhwyd.

CYTGAN
A daw ein nerth gan Dduw y Tad,
ffynhonnell egni oes
A'n deall nawr yn ddyfnach
drwy fuddugoliaeth ar y Groes.

Petaem yn rhannu Cariad
Anrhydedd rhwng pob un,
Fe glywn ni dinc y Dwyfol
yn clymu gwledydd yn gytûn.

Petai ein dagrau'n wenau,
petai ein nos yn ddydd,
â'r weledigaeth lawen
ymhyfrydwn yn y Ffydd.

CYTGAN
Petaem yn llai o'r hunan,
petaem yn gweld ein brawd,
petaem yn maddau gelyn
ar lwybrau dyrys hyn o rawd.

CYTGAN

GWEDDI AIL GYNNIG AR WANWYN.

Daeth y gwanwyn ac addewid o ddyddiau gwell i ddod –
dychwelodd y blodau a'u persawr i'n hatgoffa unwaith eto o
ddaioni a ffyddlondeb Duw.
   "Yr un yw'r patrwm a'r un yw'r gwead,
   'Run yn oes oesoedd yw llwybrau'r cread."

Diolch am wanwyn yn ein gwlad, a Duw bob amser yn cadw'r
oed. Am y pridd, a'r grym sydd ar waith yn deffro'r fro. Diolch
am fedru ymateb i harddwch y tymor, a'i dangnefedd wrth i'r
gwanwyn ddeilio yn ei dynerwch.

       Yn nhymor y Pasg diolchwn am wanwyn Atgyfodiad
Iesu, a'r pysgotwyr yn dychwelyd o'r nos, yn gweld gobaith y
wawr. A phan fyddwn ninnau fel dy blant yn tramgwyddo neu
frifo eraill, cofiwch fod gennym ni ein gwanwyn hefyd fel pobl, a
bod Iesu Grist yn maddau i ni. Cawn ail gynnig ar wanwyn.

Amen

TRI LLUN DALI

1. Y SYLWEDDOLI CYNNAR

YSTAFELL MYFYRIWR

Goruwchystafell yn nho'r tŷ coleg;
hen bosteri cyngherddau roc
y gorffennol,
bob un yn amgylchiad yn ei bryd,
bob un wedi disgleirio a diflannu
a llwch melynbinc wedi cronni ar eu hyd.

Yna, un poster yn fyw,
yn gyfuniad o Fwrdd y Sacrament,
Glannau Galilea
a ffurf Eglwys a Chroesbren
yn sefydlog ym myd newid
Y Dicsi, Plas Coch, Clwb Rygbi Caernarfon
a'r Rali Genedlaethol;
yn angor i mi yn yr ystafell ddieithr.

Posteri amryliw
yn hongian fel atgofion diffrwyth
ar ymwybod bywyd.
Ystafell golegol
a adawyd gan y stiwdant
i'r llwch gnoi i'r gwyryfdod.
Ond disgleirdeb y Darlun
yn diorseddu'r llwch
fel llif dagrau edifeirwch.

2. HOLI A GWELD PATRWM

DOTIAU DALI
(Portread o'r brawd o'r un enw – Salvador – ym 1963, a fu farw pan oedd ychydig fisoedd oed. Yn agos, môr o ddotiau yw'r paentiad, ond o dynnu'n ôl mae wyneb trawiadol yn ymddangos.)

Cofio ei frawd, Salvador,
mewn diferion,
ailffurfio cof ychydig fisoedd,
dot wrth ddot poenus
fel gwaed yn ddiferion;
ond o dynnu'n ôl i weld y cyfanwaith
gwelwn debygrwydd.

Diferu o'r dotiau gysylltiadau
a pherthyn,
ond yn nrycin y môr dotiau
ceisiodd weld llun,
a chysylltu'r dotiau
yn gyfandir o alar
a adnabyddai frawd.

Mae hyd yn oed amheuwyr y swrreal
heddiw yn tystio i rym hwn,
ddot wrth ddot,
ergyd wrth ergyd,
ymhell ac agos.
Dotiau brithgof am rith sy'n parhau.
Yn y canol,
moleciwl ein bod,
cyfrinach ein geneteg frau
a all ddarfod gyda ni.

3. CROES I BAWB UWCH Y BYD

Y GROES YN SEILIEDIG AR DDARLUN SANT IOAN O AVILA

(Paentiad diweddarach Dali)

Mae'r llifolau ymlaen
yn tywynnu i lawr
ar y corff hardd ar y Pren.
Ei awr wedi dod.

Dw innau'n falch
fod y Groes yn hofran fry
heb ei daearu;
uwchlaw ei chyfyngu
i'n pridd a'n llwch,
ond yn hedfan
â sêl sanctaidd
o'r duwch at y goleuni.

Gadael
gwrthodiad y bobl na fedrent ei arddel
yng Ngalilea o bobman.
Gadael
Seimon Pedr a'r gwadiad
ac euogrwydd caniadau'r ceiliog.
Pob cysgod ar fin cael ei ddileu
a'n heuogrwydd yn rhan o'i faich O.

Y Groes yn hedfan drwy glais yr awyr,
yn hedfan drosom oll.
Y Groes gyfarwydd
uwch hen aberoedd a chychod
ac uwch pob storm ar foroedd.

Hen bwrpas brwnt y pren
ar arswydus barod daith
ar fin troi'n eirias eglur o'r diwedd
wrth i'r wyneb droi at y goleuni
i dderbyn sicrwydd anwes Tad.

COLOMENNOD HEDDWCH

Rhyfedd iddynt ddewis clwydo yma.

Colomennod go iawn yn clwydo
yng ngardd heddwch Manceinion
fel petaen nhw'n synhwyro
mai dyma'r lle iddyn nhw
efo'r cerflun sy'n eu cynnwys mewn metal
i ddathlu heddwch y ddinas ddiniwcliar.

Clwydant yn dawel,
bron o'r golwg
yn yr arwydd o heddwch a dyfodd yn y blodau.
Caetsys heb bigau.
Fel pob heddwch
yn ddwfn oddi mewn, yn breifat
ond mor bendant o gryf.

Dyma'r lle iddynt.

Clwydo
fel dy fforddolion oll
sydd yma ar feinciau
yn ceisio ennyd o heddwch
sy'n gryfach na grym dinas.

GWNA FI YN DEBYG I IESU

(Addasiad o gân Kurt Kaiser *Portrait of Jesus* a genir gan Dana)

Dduw Dad, Ti yw'r paentiwr â'th gynfas a'th baent
rho liw i'm byw – dy oleuni a'th ddu,
tymhorau o heulwen a mannau o loes
i'm gwneud fel Gwaredwr y Groes.

CYTGAN
Gwna fi yn debyg i Iesu
Taena ei ras hyd fy mai
Llygaid ar dân, ac angerdd cân,
gwna fi yn debyg iddo Ef.

Cynfas wyf fi i law rydd dy greu
Preswylia dy Fab yn nryswch fy ngwedd,
ond fframia dosturi o gylch dyddiau blin
i'm gwneud i ar dy lun.

Dad, Ti ydyw perchen y lliwiau i ddod
Ymddiriedaf yn llwyr ynot ti, er fy mod,
Ar dro yn rhyfeddu at enfys y lliw
sy'n rhan o oleuni Mab Duw.

GWEDDI GWANWYN

Er i ni deimlo siom Arglwydd, siom y gaeaf yn ein ffrindiau a'n cydnabod, o Dduw pâr nad ydy hyn yn amharu ar y llun, ar y gorffennol a fu yn llawen, a'r diwrnodau braf a gafwyd. Dydy dy lun Di ddim yn newid.

Mae ein byd yn llawn o bob sŵn ac eithrio sŵn y cread a rhythmau dy ogoniant a'th gynghanedd Di. Helpa i ni dawelu'r Walkman's a'r iPods weithiau i wrando ar dy ewyllys Di.

Pan mae'n meddyliau ninnau'n glir rhag celwydd a rhagrith y byd, a'n rhan ninnau yno – daw'r purdeb a'r cryfder yn ôl, a'r Gwanwyn i'n trem drachefn. Er tristwch pob sylweddoli, pâr i ni dderbyn a pheidio â gwaethygu rhwygiadau, ac ymdrechu i'w pontio.

Popeth trwy dy hyfryd Ras. Y sianeli oll ar agor, yn ffrydio fel dy Ras. Boed i ni gofio'r geiriau enwog: "Dduw dyro i mi'r bodlonrwydd i dderbyn y pethau na allaf newid, dewrder i newid y pethau y medraf, a'r doethineb i wybod y gwahaniaeth rhwng y ddau."

Amen

DRAIN

O fewn rhyw dafliad carreg
  I ddrws fy nghartref cun
'Roedd llwyn o ddrain yn tyfu
  Yn dalog wrtho'i hun.

Pan ddeuai Mai yn nawsaidd
  A'r twf yn ôl i'r pren,
Ei gael yn wyrth o dlysni
  O dan y gawod wen.

Fe geisiais gasglu'r blodau
  Unwaith, yn grwtyn ffôl;
'Anghofia'i byth mo'r brathiad
  A'r cipio llaw yn ôl.

Ac oni phrofais droeon,
  Ar grwydr yn y byd,
Mor agos at y blodau
  Yw pigau'r drain o hyd.

Richard Jones Maesclawdd, y Bont-ddu
(o gasgliad yn Ardudwy)

Haf

ANGEL Y GOGLEDD
(ar yr A1 yn Gateshead)

Edrychais fry
a gweld Angel ger Gateshead
yn dalsyth yng ngwyneb bob cwmwl posib
ddaw dros y rhostir i herio'r Hen Ogledd.

Dacw ti
Angel y gogledd.
Llifa'r drafnidiaeth heibio i ti
heb syllu nemor ddim
ar dy ymgais am sadrwydd a chydbwysedd
uwch y draffordd.

Ond mae digon o rychwant
yn dy adenydd tawel
a digonedd o drugaredd dan dy esgyll heno
i gofleidio pawb,
ac i ganfod arlliw'r haenen aur
a ddywedir sydd ynghudd ymhob cwmwl.

GWEDDI DECHRAU HAF

Diolch am gael gweld rhyfeddodau'r bore bach – disgleirdeb goleuni ar wyneb dwr, neu awyr ffres o'r caeau a'r coed. Mae tipyn o wên yr heulwen yn medru gwneud popeth yn newydd a gobeithiol.

Diolch am ein synhwyrau, a helpa ni i'w defnyddio i weld harddwch a gogoniant pobl yn ystod ein dydd. Boed i ni roi dy oleuni Di iddyn nhw, a'th geisio di yn ein hymwneud â hwy.

Diolch ar ôl cawod drom fod y lliwiau a'r lluniau yn dod yn ôl yn gliriach. Dymunwn hefyd fod y pethau da yn disgleirio fwyfwy wedi croes profiadau. Diolch ein bod yn gweld llafnau clir y goleuni ar ôl y niwl a'r glaw. Diolch i Ti am ddangos unwaith eto fod i bob diwrnod ei rin i'w fwynhau un dydd ar y tro.

Bydd gyda dy blant ledled y byd lle mae 'r nos a'r dydd yn ddu, cymylau yn gwrthod cilio a'r dagrau'n methu sychu. Bydd yn agos at y gwael a'r gwan mewn ysbytai ac yn eu cartrefi.

Diolch am y dyddiau pan mae'r dydd yn teimlo'n hir, ac amser yn adfer ei ansawdd, gwên ar ein hwynebau, ymlacio dan ein croen, a goleuni yn yr hwyr.

Amen

Y Tresi Aur, Bodnant

GWEDDI'R CHWERTHIN

Diolch i Ti Dduw am hapusrwydd a gwên ymhlith ffrindiau a dieithriaid. Diolch i Ti am lawenydd ac addewid mis Mai, wrth i drigolion Cymru gael eu Haf bach personol cyn dyfod yr ymwelwyr i gyd. Diolch am ffrindiau i gydchwerthin â nhw, i fedru ymlid cymylau duon a dagrau ymaith, ac i'n codi'n ôl i rodio'r llwybr efo Ti.

Heddiw'n arbennig diolchwn am y ddawn o chwerthin, a'r rhai hynny sy'n gallu gwneud i ni chwerthin hefyd. Teimlaf yn sicr dy fod tithau Dduw yn cydchwerthin yn iach ac agored pan fo'n chwerthin yn naturiol a greddfol, ac yn codi o droeon trwstan bywyd bod dydd. Duw llawenydd, gwên a chynhesrwydd wyt Ti, petai pobl yn dy weld fel yr wyt, yn hytrach na cheisio beio holl ddiffygion dynolryw arnat.

Duw'r llawenydd – o weld bedd gwag Iesu, a Duw'r wên wrth ddweud wrth eraill. Mae'r wên a'r chwerthin yn dechrau efo ni – heddiw – wrth ddiolch am fywyd mor amrywiol, a daear mor fendigedig i deulu'r llawr.

Amen

GWEDDI'R ANNISGWYL

Cadw fi rhag y sinigiaeth honno sy'n mygu crefydd, sy'n gweld drwy bopeth, gan ddiosg y rhyfeddod sydd ynghlwm wrth ein cred a'n bywyd.

Par i ninnau fod yn effro ar gyfer yr annisgwyl, yn hytrach na thybio ein bod wedi gweld y cyfan sydd i'w weld. Cadwa ni rhag y dynol sydd ddim isio gweld ymhellach na'n terfynau cyfyng ninnau, heb sôn am ryfeddu. Arwain ni i ddyrchafu pob dawn a thalent, gan greu ohonynt offrwm annisgwyl i Ti.

Amen

DADLWYTHO

Mae rhywbeth am y Gadeirlan Gatholig
sy'n gwneud i bawb sibrwd.
Dim ond diasbedain camau
sy'n dderbyniol
yn y caleidosgop o wydrau,
a'u lliwiau yn wahanol bob awr.

Rydan ni yn fwy cyfarwydd ag O
mewn capeli pren,
ond yn amlwg i'r gŵr a blygai
roedd o'n medru Ei weld O
yn y llinellau glas
ar gefndir melyn a gwyn,
yn medru ymddatod a dadlwytho
yma
cyn mynd i wynebu'r byd eto.

GWEDDI TYMOR YR HAF

Arglwydd pob gwyliau ac edrych ymlaen, Arglwydd pob llawenydd ac ymlacio, pob traeth a phob picnic, bydd gyda ni i gyd ar ein hamrywiol lwybrau dros wythnosau'r haf. Gad i ni weld olion a sibrydion ohonot Ti ymhobman, o Dduw, ac yn y mannau mwyaf annisgwyl. Helpa i ni arafu ac i addasu ar gyfnod o wyliau i fwynhau bob dydd, a phob munud.

Dysg ni i wneud ein crefydd hefyd yn un o edrych ymlaen at ddyddiau gwell i ddod – dyddiau pan gawn weld wyneb yn wyneb â Duw sy'n ddaioni, yn gariad, ac yn bositif. Dysg i ni agor ein calonnau fwy a mwy i'r Duw hwn sy'n Gariad, ac yn allwedd i'n bywydau.

Rho i ni fywyd hapus o edrych ymlaen.

Amen

Y FFLAM

(Fflam fythol purfa olew Stanlow fel yr Ysbryd Glân)

'Dydy hi ddim yn ein hysu,
y fflam
o burfa olew Stanlow.
Mae'n dal i gynnau
fel hen gariadon
nas collwyd yn y galon.

Chwifio'n wyllt
ambell dro yn ein nos,
dro arall yn dyner.
Ond wastad
yno
tra bydd pawb
yn cysgu,
yn teyrnasu dros ddinas y goleuni.

Mae'n dal i gyniwair
ei hen ystrywiau,
hen hanfodion
i'n eirias ryddhau
rhag pigiadau gaeaf,
a'n hysbrydoli
yn ein nos
dywyllaf.

MAI YM MEIRIONNYDD

Mai'r lonydd clir yn yr haul.

Y glas ar foryd Mawddach yn las o obaith
ac o aileni,
ac mae cynnwrf byrlymog
ar yr ewyn gwyn ar y gorwel
lle mae afon ein bywyd
yn cwrdd â'r cefnfor.

Lle ar y Cei i barcio
cyn dyfod y llu i ryfeddu,
a'r pensil gwyn o donnau
yn gwahodd yn eu ffresni.

Ac ar y ffordd adre' mae hi'n ffair hir
ar stryd y Bala,
a'r gwyrddni yn lapio'r wlad.
Mae rhywun yn cael tynnu llun
efo Trebor Edwards
a merch fach yn mynd adre i newid,
cyn meddwl am ail hanner i'r ffair.

GWEDDI PENTECOST.

Ysbryd sanctaidd Duw, fe ddaethost atom ar y Pentecost amser maith yn ôl, gan aros gyda ni. Daethost bryd hynny yn wynt grymus, yn oleuni a thân. Chwythed drachefn y gwynt drwy ystafelloedd pŵl ein bywydau, gan ein rhyddhau i wir ryddid yr Efengyl. Deued dy oleuni i oleuo'n tywyllwch, ac i ddatgelu ein twyll ac i oleuo ein siwrne, fel y medrwn gerdded mewn difrif â Christ, Goleuni'r byd. A boed i'r Ysbryd losgi hefyd unrhyw beth sy'n ddi-fudd ynom, gan losgi'r llwybr at edifeirwch.

Gweddïwn am deulu dy Eglwys drwy'r byd a gwared ni rhag duwioldeb arwynebol, a rhag credu mai gennym ni mae'r atebion i gyd. Maddau i ni pan ydym yn glastwreiddio cariad a chydymdeimlad Crist yn ein bywydau bob dydd, a boed i'th Ysbryd ddod ag iachâd a chyfanrwydd i ni wrth i ni dystio yn amrywiol ac yn gyfoes i Iesu Grist. Dyro don newydd o argyhoeddiad i dy Eglwys ac i ninnau fel unigolion.

Ysbryd Crist ysgwyd fi, Ysbryd Crist symuda fi, Ysbryd Crist llenwa fi, Ysbryd Crist rho i mi dy frwdfrydedd. Na foed i'th Ysbryd ein gwahanu, ond yn hytrach beri ein bod yn canu'r un gân yn ein hamrywiol amgylchiadau. Diolch am ddiwallu anghenion dy ddisgyblion gynt, ac am barhau i ddiwallu anghenion pawb â'th Ysbryd Glân. Boed i ninnau barhau yn llewyrch dy Bentecost.

Amen

GWEDDI AR DDECHRAU'R HEL O DDRWS I DDRWS WYTHNOS CYMORTH CRISTNOGOL
(Mis Mai)

Diolch o Dduw dy fod Ti yn ein deall, yn gwybod ein bod yn trio'n gorau, er ein bod yn ffaeledig. Efallai nad ydym y rhai gorau i restru a threfnu, ond rydym yno i drio'n gorau ac i wynebu'r her wrth fynd allan i hel arian ar gyfer Cymorth Cristnogol.

Helpa i ni weld ein bod ni'n gwneud ein cyfraniad bychan a bod hwnnw'n clymu i mewn ag ymdrech bobl eraill. Yn ystod wythnos Cymorth Cristnogol cadw ein bwriadau yn lân ac agored, a boed i ninnau fel casglwyr helpu ein gilydd ar waethaf ein beiau. Cadwa'n dwylo i ymestyn dros y moroedd mewn cwlwm o gariad bob amser.

Diolch am y rhai sydd â mwy o amser ar gael – efallai wedi ymddeol – ac yn medru ysgwyddo mwy o gyfrifoldeb y gwaith pwysig hwn, a boed i bawb wneud yr hyn fedran nhw.

Diolchwn yn arbennig fod Cymorth Cristnogol yn elusen sydd yn "rhoi heb ddisgwyl dim yn ôl". Mae'r wythnos yn gyfle i ni ddangos dy Gariad Di i'r byd – nid yn y ffurflenni, a'r trefnusrwydd o angenrheidrwydd, ond yn awydd gwerin gwlad i rannu dy Gariad Mawr a'th gonsýrn Cristnogol o ddrws i ddrws.

Amen

DEISYFIAD AM GYMOD

O Arglwydd, agor fy llygaid
fel y gwelaf angen eraill,
agor fy nghlustiau
fel y medraf glywed eu cri,
agor fy nghalon
fel nad oes raid iddynt fod heb gymorth.
Gad i mi beidio â bod ofn
amddiffyn y gwan
oherwydd dicter y cryf,
nac ychwaith ofn amddiffyn y tlawd
oherwydd dicter y cyfoethog.
Dangosa i mi lle mae angen cariad a gobaith
a ffydd,
a defnyddia fi yn gyfrwng
i ddod â nhw i'r mannau hyn.
Agor fy llygaid a'm clustiau
fel y gallaf, yn ystod y dydd heddiw,
gyflawni tipyn o waith er budd Dy heddwch.

Amen

*(Addasiad o eiriau Alan Paton ar gyfer Cymorth Cristnogol a
ysgrifennwyd â chefndir o apartheid yn Ne Affrica.)*

WYTHNOS CYMORTH CRISTNOGOL

Dywedwn y dylai hyn newid
ond bydd dim yn newid
tan y bydd y tlotaf a'r gwanaf
yn gwybod eu nerth eu hunain.

Bydd dim yn newid
tan y bydd y wraig dlotaf yn sylweddoli
ei bod hi'n berson
cystal â phersonau eraill.

Bydd dim yn newid
tan y deallwn ein bod yn blant i Dduw
a'n bod yn llawn posibiliadau
sy'n tarddu o Dduw.

Meiddiaf weddïo:
Arglwydd boed i'r byd gael ei newid
gan y dyheuwn am weld terfyn ar dlodi.
Meiddiaf weddïo:
Arglwydd, boed i'r rheolau gael eu newid
gan y dyheuwn am weld masnach
yn dod â chyfiawnder i'r tlodion.
Meiddiaf weddïo:
Arglwydd, gad i'n bywydau gael eu newid
gan y dyheuwn am ddod â gobaith
lle mae angen am newyddion da.

Yng ngrym dy ysbryd
ac wedi f'ysbrydoli gan yr addewid hwn
i weithio dros newid,
arhosaf yn hyderus am y dydd
pan fydd popeth wedi'i adnewyddu gennyt Ti.

(Addasiad o ddeunydd safwe Cymorth Cristnogol.)

Y DARLUN

Ym more f'oes fe'i lluniwyd
  Yng nghraidd fy ngwead i;
Darluniodd rwydwaith bywyd
  A'i rheol euraid hi.

A gwn i'r Artist dwyfol
  Roi'i frws hyd frychni Mai;
Rhoes falm i adfer lliwiau
  I'r darlun wnaeth o glai.

Arthur Evans

Traeth y Bermo

76

GWEDDI HAF

Arglwydd hafau bywyd –
llawenydd, llawnder a llwyddiant,
Rhyddid, rhyfeddod a chân –
Diolch am gael Dy adnabod
Fel Creawdwr gwyrth ein bod,
Am gael gweld a gwybod
Am lecynnau hardd
Gardd Dy gread.

Arglwydd cymylau'r hafau gwael,
Rho i ni Ysbryd Dy amynedd tawel
i wynebu a gorchfygu
Cyfnodau diflas bywyd,
Munudau blin ein mynd a'n dod,
Siom mewn pobl,
Surni mewn methiant;
Rho i ni'r gras i goncro
y casineb all gasglu'n friw,
yr eiddigedd sy'n lladd bendithion,
y rhagfarn sy'n codi muriau,
y culni sy'n crebachu gorwelion,
y beirniadu sy'n gwenwyno cyd-fyw
A'r oerni mewnol
All ddistewi pob cân.

Arglwydd yr hafau a'r cymylau,
gwna ni, drwy Dy Ysbryd
yn ddisgyblion ffyddlon
I'r Iesu cyson, cadarn, didymhorau.

(Pryderi Llwyd Jones o gylchgrawn Shalôm, Capel y Groes, Wrecsam.)

Y RHAIN
("Croeso i'n ffrindiau o'r Almaen", Eisteddfod Gydwladol Llangollen)

Y rhai a faeddwyd gennym,
y rhai a frifwyd gennym,
y rhai y gwnaethom gam â hwy.
Cenfigennus fuom ohonynt,
gwyliadwrus o'u camre.
Cleisiau nad ŷnt yn codi.

Y rhai a syrthiodd
ar fin ffordd ein profiad,
na chawsom gyfle i esbonio
pam y bu pethau fel hyn.
Y rhai a dorrwyd gennym,
y rhai na fuom borthladd iddynt
rhag y storm.
Ni fuom gysgod iddynt rhag eu nos.
Y rhain.

Dychwelant mewn mudandod
rhwng dawns ac alaw werin
i ymbil gronyn
am gyfiawnder.

GWEDDI I FWYNDER

Diolch am y tawelwch parchedig hwn i gofio am fwynder arbennig rhai pobl yn ein profiad. Diolch ynghanol yr ymdrech o ddydd i ddydd fod y mwynder yn parhau.

Ynghanol y gras sydd ei angen ynghanol byd y 'Saint', diolch fod y mwynder yn parhau. Yn wyneb ysgolheictod a ddefnyddir fel rhagfur, diolch fod y mwynder yn parhau, yn torri trwyddo ac yn ei ddatgelu am yr hyn ydyw. Y mwynder mae pobl yn ei deimlo, a'i amgyffred, ac yn medru ymateb iddo, y mwynder sy'n ffisig o'i rhoi i eraill.

Ynghanol chwarae plant ein bydoedd bach a'r diffyg parch at y naill a'r llall, diolch am y mwynder mawr na ellir mo'i gaethiwo i un man, y mwynder sy'n amdoi'r cyfan, ac yn dawnsio ar arch rhagfarnau.

Am y mwynder sy'n gadael i ni fod yr hyn ydym, y tu hwnt i bob carfan a safbwynt, pob diwinydda a dadlau, y tu hwnt i wag reolau a mynych ofer ddefodau, heibio'r cythraul yn y canu a'r pregethu, y ddrama a'r llefaru, a gwleidyddiaeth y byd.

Atgyfnerthwn yn y mwynder sy'n drech na'r cwbl.

Amen

CLYWED LLAIS PAVAROTTI

(Ger Camlas Llangollen ar nos Sul olaf yr Eisteddfod Gydwladol)

Roedd pawb yn gwrando
y noson honno,
hyd yn oed y rhai a oedd heb dalu.
Llif yr afon, y llwyn rhosod,
bref y defaid
a'r gwybed yn clustfeinio am ystyr
y nos Sul honno
ar lôn gefn y byd
i fyny'r cwm.

Blodau ar ochr y ffordd yn pwyso,
tinc y machlud
yn disgwyl am nodyn;
hen sguboriau
a hen gapeli coch
a'r dyddiad wedi braenaru oddi ar eu hwynebau;
hwythau'n glustiau i gyd.

Rhewodd rhaeadr bedol afon Ddyfrdwy,
glynodd y badau wrth y gamlas,
tirioned y gwybed eu brathiad gogleisiol
er mwyn cael clywed llais
Pavarotti.

Y llais a daniwyd yn bedair ar bymtheg oed
yng nghôr ei dad
o Modena
i ddilyn y llwybr yn ôl yma ryw ddydd.
Gwrandawodd y creigiau hen.

Daeth côr o bwysigion i'w ganlyn y tro hwn,
ond ar ddiwedd y dydd
pobl y mynydd a wrandawai
am lais unigol
y proffwyd.

Daliodd y trên ei stêm ennyd.

Oedodd rhai
ar y bont am hir, hir,
gan ddatgan yn fewnol
ar ddiwedd gŵyl a charnifal
mai teimlo rhywbeth fel hyn
yw byw
yn y bôn.

Eisteddfod Gydwladol Llangollen

CLYMU'R CENHEDLOEDD

Murmuron y glannau pell sy'n torri heno
yn y gwyll yng nghynefin y Bermo.
Tonnau byr eu gwynt
a'u hen swyn yn sgwrsio â'm hunigedd braf.

Breichiau o oleuni'r strydoedd yn estyn dros y dŵr,
a grwndi ymwelwyr draw hyd y lan
fel lleisiau yn holi hynt rhywbeth aeth ar goll.

Cyfrinach yr arfordiroedd pell
sy'n cronni'n breifat o bersain heno.
Anfynych y clywir ei gennad am glymu'r cenhedloedd,
dim ond ar funudau answyddogol
ym mhorthladd y Bermo.

NOSON COFIO HIROSHIMA

(5 Awst, Greenwood, Seattle, Unol Daleithiau America.)

"Maen nhw'n cofio
Hiroshima a Nagasaki
ar lan Green Lake
heno."

Jim o gartre' chwâl
lle diflannodd ei fam i grwydro
perllannau ei meddwl,
Jim arwr parod Grŵp 'Sgwennu Ballard High
a ddylai fod yn chwerw,
yn awyddus
i weld cyfannu,
ac yn ein hannog i lawr at y llyn.

Mae cywilydd yn ifanc o hyd.

O Downtown â'i seirenau cyson
daeth y weithred fach hon.
Mintai lanternau
yn lledu o'r lan
ar yr awel.
Mil negeseuon Gwanwyn amgenach
i unioni
eiriaster y tân eithaf.

Llewyrch tawel y canhwyllau
yn cyrraedd yr ochr draw.

DYFYNIAD O AWDL 'GORWEL'

(Y gorwel o Eithinfynydd tuag Egryn ger Y Bermo, a gorwelion oes.)

Ymhell o afael byd mall a'i ofid
Moriaf yn lew i law'r Digyfnewid, –
I lawnder Un sy'n lendid – i Ddinas
Enwog y deyrnas a'i Llyw'n Gadernid.

A daw i briddyn hen gryndod breuddwyd,
Daw o'r gorwel hen geinder a garwyd –
Daw'r Mai digoll a gollwyd yn oddaith –
Yn wyrth eilwaith yn y Berth a welwyd.

Â rhin heulwen ar fy Siwrnai Olaf
Trwy gafnau'r tonnau, heb ofn y tynnaf;
I'r goleuni aur glanaf, a'r pellter
yn dyner, dyner, yn cau amdanaf.

John Evans (Siôn Ifan)

GWEDDI MÔR DY GARIAD

Diolchwn i Ti O Dduw am gyfoeth dy foroedd. Diolch am falm cael syllu ar y môr yn gwbl ddiamcan, heb orfod meddwl am ddim yn benodol. Diolch am gyfeillion mudiadau fel Greenpeace sy'n malio cymaint am ddyfodol y moroedd, a cheisiwn osgoi rhoddi gwastraff afresymol heb ei drin, yn y dyfroedd.

Rydym oll yn disgwyl cymaint gennyt, o fôr annwyl. Disgwyliwn i ti ddwyn ein beichiau ar gefnfor dy Gariad wrth ymagor gerllaw'r dyfroedd. Disgwyliwn iachâd a glanhad i'n heneidiau cythryblus ni ar dy lannau. Gwyddwn mai dim ond cefnfor diderfyn Cariad Duw yn Iesu Grist all ein cyflenwi gyda balm i flinder, cyfeiriad i iselder, a sglein i frwdfrydedd a aeth yn bŵl.

Diolch am onestrwydd y môr bob amser – boed yn dirion neu mewn tymestl. Diolch iddo am fod yn 'fo'i hun' ac am beidio â bod yn ddauwynebog. Wrth syllu i fêr llygad yr heli fe ganfyddwn yno dy onestrwydd Di. Gwna ni bob amser yn onest fel y môr. Glanha ni fel ewyn gwyn. Pâr i ninnau fel dilynwyr i Ti adnewyddu ein hunain a glanhau ein hunain o'n haflendid, fel y gallwn ddisgleirio er dy fwyn, a bod yn gyfryngau goleuni a chynhesrwydd yn dy fyd.

Deuwn â'n problemau yma at dy gysondeb, yn sicr o'n gobaith y daw'r llanw i olchi'n pechod yn ei heli adnewyddol. Gwelwn ei ehangder gwaredigol yn cofleidio dyfnder loes a herio gorwel newydd yfory. Gwelwn gochni braf ar y gorwel hyd yn oed yng nghanol Gaeaf.

Amen

GWEDDI PRYSURDEB

Annwyl Iesu, dw i fel petawn i wedi bod yn trio dianc oddi wrthyf i fy hun drwy'r dydd heddiw. Nertha fi yn dy gysondeb Di i fedru wynebu fy hunan rŵan o dy flaen Di.

Rho nerth i mi o'r newydd i gyfrannu at waith dy deyrnas Di, ac i weld y gwychder ym myd y gwachul, a'r goleuni pan fo'r tywyllwch yn bygwth cuddio'r haul.

Pâr fod ein safiadau bychain erot Ti yn uno yn un symudiad cryf o blaid dy bethau yn y byd. Y pethau nad ydynt yn pydru, a'r fflam nad oes mygu arni hi. Diolch am ein cynnal ni ar adegau ansicr a phrysur – a gafael Dy law amdanom chwedl yr emynydd, "er nas gwelaf hi".

Amen

DIWRNOD I FFWRDD

Mae angen i bawb gymryd diwrnod i ffwrdd. Dydd lle y mae rhywun yn fwriadol wahanu'r gorffennol oddi wrth y dyfodol. Gall swyddi, cariadon, teulu, cyflogwyr a ffrindiau fodoli am ddiwrnod heb yr un ohonom, ac os yw ein 'ego' yn caniatáu i ni gyfaddef – gallant fodoli'n dragwyddol yn ein habsenoldeb.

Mae pob person yn haeddu diwrnod i ffwrdd lle nad oes yn rhaid wynebu unrhyw broblemau, na chwilio am unrhyw atebion. Mae angen i ni gyd gilio oddi wrth y gofalon fydd ddim yn cilio oddi wrthym ni. Mae angen oriau o grwydro diamcan arnom, neu gyfnodau yn eistedd ar feinciau'r parc, yn gwylio byd dieithr morgrug a tho gwyrdd y coed.

Os diflannwn am gyfnod, nid ydym fel y byddai amryw yn tybio a chyhuddo – yn anghyfrifol; ond yn hytrach rydym yn paratoi ein hunain i fod yn fwy abl i gwblhau dyletswyddau, a chyflawni'r hyn sydd yn rhaid ei wneud.

(Maya Angelou)

GWEDDI ENCIL

Diolch am dy lecynnau ger y dyfroedd tawel, lle fydd ein henaid yn cael tawelwch a chysur. Boed i'r tawelwch hwn ein cynnal yng nghanol bywydau prysur. Fel yr oedd Iesu yn arfer encilio i'r mynydd, dysg i ninnau oll rym encil.

Mae encilio wedi newid, wrth i'r byd fynd yn llai – gall rhywun deithio i bendraw'r byd heb sôn am ben y mynydd. Mae 'na fannau arbennig yn ein profiad ni i gyd sy'n hwyluso encil – mae pererinion y canrifoedd wedi ymweld â nhw. Ond mae gweddi yn ffurf ar encil heb symud o'r fan. Dduw Dad rho gymorth i ni dynnu ffocws y camera yn ôl o'r siot agos hunan-ganolog yn aml, at y siot bell a'r darlun cyflawn o'n bywydau ni, a dy bwrpas ar ein cyfer.

Rho'r nerth i ni adael i'r cyfan fynd yn dy gariad tawel, adfywiol Di – yn sain y don a rhu'r gwynt, a chwip y glaw ar y ffenestr. Gadael i'r cyfan fynd yn hen hedd yr ysbryd sydd yno pan wrandawn amdano mewn tawelwch.

Does neb yn hoffi bywyd a'i fwrlwm yn fwy na fi, ond rhaid cael yr ynysoedd o ddyddiau hyn i aildiwnio o'r byd i dŷ Duw, ac yn ôl atom ni ein hunain. Diolch am ddyddiau'r encil.

Amen

EGLWYS LAS BERLIN

Yng nghanol
olion rhyfel
hen Orllewin.

Ynys las.

Mae mentro i mewn
fel camu'n ôl i'r wlad,
neu syllu at orwel môr.

Crefydd yma'n syml.

Un Crist
ynghrog yng nglesni'r gwydrau,
yn gweld glas Galilea,
asur Iorddonen
a chip ar addewid Tŷ dyrys ei Dad.

Pob mur yn dymchwel
mewn rhaeadrau
o ddagrau
glas.

EGLWYS GRON CAERGRAWNT
(Tra ar wyliau)

Dim ond i ryw sedd gongl
fach
allan o'r ffordd;
cael sleifio yno'n benisel
o sŵn y byd
a'r gwerthu a wneir
arnoch chi eich hunan
yn y sioe.

Yma
does dim rhaid profi eich diffuantrwydd
a'ch geirwiredd
o achos ei fod O'n gwybod.

O ganol rhuthr tyrfaoedd
sŵn y traffig
a disgwyliadau arferol,
Rhyddid.

Mi roedd hi'n braf
cael suddo i'r gornel dawel,
fy nhrem tuag at fy nhraed,
a chael
mwynhau cwmni
Un Mwy
wedi fy mychanu yn llwyr.

Cyn gadael sicrwydd y groth
a mentro allan
yn ôl.

PLANT OBERAMMERGAU

(Ar adeg Drama'r Dioddefaint bob deng mlynedd)

Ffodus ydym blant y pentre',
bob bore cyn gwersi ysgol
cawn ddilyn Iesu
yn holl liw ei ddyfodiad i Jerwsalem.
Cawn chwifio palmwydd
a thaenu blodau.

Yna wedi'r ysgol,
dychwelwn i'r llwyfan
eto i chwifio baneri ar ddiwedd drama'r dydd.
Pan fydd gormes cloch yr ysgol ymhell
a ninnau wedi cael newid dillad,
cawn ddisgleirio eto mewn golau gwahanol
yn Blant yr Atgyfodiad.

TEWI

(ar wyliau tramor, Capel Sistina, Rhufain.)

Teithiais mor bell i dy weld di.
Rhaid i bob fflach camera a fideo dewi yma.
Heibio i nenfydau a choridorau ysblennydd
at ganolbwynt y cyfan,
Duw yn cyffwrdd â dyn
a'r bysedd enwog yn dod ynghyd.

Dawn Michelangelo
yn darlunio'r cyfan ar ei gefn,
a'n golygon,
beth bynnag am ein cred,
yn syllu fry, fry.

Duw yn cyffwrdd â dyn
yn dyner,
yng nghanol y cyfan
â'i law agored, gadarn
yn estyn at ddyn
â'i law lipa, ansicr.

Dyma un o'r dyddiau mawr:
diwrnod gweld y nenfwd.

Ar waethaf rhybuddion,
mae rhai yn dal i geisio fflachio
ei geinder,
a'i her.

Y RHESWM
(Dychwelyd i weld murlun o'r Croeshoeliad gan Tintoretto yn Scuola San Rocco, Fenis.)

Dyma'r rheswm
y dychwelais i Venezia:
i gael syllu'n hir
ar y Croeshoeliad ar y mur.
Natur arbennig y Crist
ar waethaf
ei wrthwynebwyr oll,
y Serenissima.

Mae'n eich tagu
wrth gamu i mewn;
yng nghanol nenfydau'r gor-sblander
mae pŵer Hwn yn glir
a digyfnewid
ers iddo gael ei baentio ar y mur.

Picellau, pryder, pwyntio bys,
tywyllwch dros y byd;
cuddio crynu, cysgodion,
claddu,
cynnwrf ceffylau,
croesau'r lladron yn cael eu dymchwel,
rhywbeth sydd i barhau:
gobaith anghyffredin i Venezia
â'i heglwysi trymion ar dir bregus
yn yr hen Groes newydd hon.

Rhwygir llen ein bydolrwydd
yn yr ystafell ar ben y grisiau;
esgorir ar ddagrau'r canrifoedd
wrth godi ein pennau
tuag ato.

Grŵp niferus y tywysydd o Eidalwr
wedi eu tawelu gan hwn
y bore 'ma a phob bore arall.
Hwythau'n symud ymlaen
fel y gwnes i y tro cyntaf.

Ond bydd rhai yn dychwelyd
yn gynnar y bore
yn dawelach unigolion
i gael syllu fry.

CRAIG PAUL
(Areoapgus, Athen)

Ar y graig syml hon y pregethodd Paul
gyda haul y bore ar ei dalcen;
yn edrych dros ei ysgwydd dde ar yr Acropolis,
ac i lawr i gyfeiriad teml Zeus.
Yma y daeth i dystio i Grist, ei Graig yntau.

Craig lithrig i bererinion y presennol,
sy'n sgleinio bellach fel marmor llyfn.
"I sure hope Saint Paul was secure on his feet"
ebe clochdar uchel yr Americanwyr.

Paul,
yn sicr ei gam ar y graig erwin.

LLYGREDD

(Ymweliad â gwasanaeth annisgwyl yng Nghadeirlan Gatholig Lerpwl)

Fe'n harweiniwyd
o'r siopau a'r strydoedd gorlawn
i'r mynydd,
a'n cymell gan borthor
i groth y Gadeirlan liwgar, fanerog.

Dafnau gwaed
yn goch ar ffenestri glas,
yn tasgu o'r goron ddrain,
yn ysgafnu'r baich i ni.

Uwchlaw,
coron Buddugoliaeth
yn dwnnel o liw golau
a gwaredigaeth rhag gorthrymder ein heddiw.

"Gwelsom ei ogoniant Ef"

Cynhesodd Salm y côr
unrhyw olion o ddu,
a'r nodau yn dafodau tân
i'n llorio.

Dychwelsom
i lawr o'r mynydd,
i strydoedd gwag
lle dawnsiai
llygredd.

GWEDDI I FRWDFRYDEDD

Diolch am y bobl rheiny ymhob maes sy'n frwdfrydig ac eiddgar dros eu maes, ac am y dylanwad heintus mae hyn yn ei gael ar eraill. Diolch bod eu brwdfrydedd yn eu tanio hwy, ac yn ein hysbrydoli ninnau.

Mae munudau yng nghwmni'r bobl frwdfrydig hyn yn gallu trawsnewid ein hagweddau ninnau, a chynnau'r fflam ynom. Diolch amdanynt.

Amen

BLODYN HAUL

Bu'n addoli'r haul,
yn ymgyrraedd yn uwch
na'r stryd brics coch
cyfyng hwn,
yn syllu ar y sêr
a'i wyneb yn wên i gyd.

Heddiw yn y glaw,
mae'n benisel
heb yr un sglein,
a'r glaw yn pwyso arno
nes y daw'r haul drwy'r cwmwl,
a chyfle i godi'i olwg
am sbel eto
cyn y disgyn.

RHOSYN OLA'R HAF

Mae 'na rosyn wastad yn cael ei arbed
rhag y morgrug brwd i'w lyncu,
rhai sy'n cuddio ym mhlethiadau diniwed
ei betalau pinc annwyl fel petaen' nhw'n ffrindiau.

Ar waethaf morgrug byd,
mae petalau'n ymagor yn y diffeithdir.
Blagur o freuddwydion sy'n weddill
yn ymagor hyd y medrant cyn dyfod gaeaf.

Ac er mai rhyw gornel gefn o'r byd
yw teyrnas y rhosyn brau,
mae'n ei oleuo â phersawr ei anwyldeb,
a'i swildod yn ymagor i'r haul sy'n oeri.

Golygfa o Bont Accademia, ac Eglwys y Salutte

DIWRNOD OLA'R GWYLIAU HAF.

(y Bermo)

Y dydd yn para'n hir
fel yr arferai wneud erstalwm.
Pawb yn eu dillad haf,
y rhai y bu hir ddyheu
am eu gwisgo.
Nofwyr y diwrnod olaf hwnnw
ym *meringue* ysgafn y tonnau.

Arafu ac ymlacio
cyn i ras yfory droi'n ddoe ac echdoe,
cyn neidio'n ôl ar chwrligwgan y tymor.
Mwynhau'r hufen iâ olaf
wrth i'r haul araf lithro i'r Bae.
Ei lewyrch yn dangos y muriau ffermydd
fel terfynau set bore yfory.

Y machlud hwn fydd yn ein cynnal
trwy ddrycin
yr hyn sydd raid ei wneud
eto am sbel.

Ninnau fel dillad yn sychu ar lein yr haf,
ddim isio cael ein tynnu i mewn
a'n hongian ar fore Llun.

CWCH OLA'R TYMOR
(Llandudno)

Llond cwch o gymerwyr
ar fordaith ddiwedd Haf,
pan fo'r geifr corniog ar ddibyn y tymor.

Mordaith fargen
o amgylch cafnau cyfarwydd y Gogarth Fawr,
a'i heddwch o ffynhonnell hen, lai cyfarwydd,
sy'n dal i'n denu yn nifyrfan y dydd.

Criw cytûn ar gwch ola'r tymor,
cyn dyfod gaeaf i Ben y Gogarth.

GWEDDI'R TIR DA

Weithiau mae'n pwrpas mewn bywyd o dan gwmwl, neu'n cael ei dagu gan ddrain. Dro arall mae ein bwriadau yn glanio ar dir da. Cofiwn fod ffyniant yr hadau yn nwylo Duw, a dydyn ni byth yn gwybod pryd y daw'r hadau a blannwyd i amlygrwydd. Yn aml daw'r cof yn ôl am syniad a blannwyd ym more oes yng nghyfyng fylchau a chroesffyrdd bywyd.

Diolch bod hadau sydd wastad yn syrthio ar dir da, ac yn ein synnu yn y mannau mwyaf annisgwyl. Diolch Dduw am ateb gweddïau gan roi dy atebion weithiau yn y mannau mwyaf annisgwyl. Diolch bod y niwl yn codi a ninnau'n gallu parhau'n daerach i wneud dy waith, gyda chariad ac arddeliad.

Diolch am rai a ddaliodd ati mewn dyddiau blin i hau hadau daioni. Gwna ninnau bob un yn dir ffrwythlon a bytholwyrdd i dy waith, yn dy arddel Di o genhedlaeth i genhedlaeth.

Gwna ni'n bobl dy dir da. Pâr i ni gael ein gwrteithio yn dy Air, a phan ddaw tyfiant, dysg ni'n well sut i gydrannu a chyd–ddyheu, yn hytrach na chymryd o hyd. Boed i ni fawrygu'n bodolaeth drwy dderbyn hadau'r heuwr heb amau, fel y daw cynaeafau Cariad a chyd-ddealltwriaeth i'w cywain yn ysguboriau llawn y dyfodol.

Amen

GWEDDI'R TIR MAWR

Er gwaethaf sut yr ystyriwn d'Eglwys a'th sefydliadau pwerus daearol - Ti ydy'r grym sy'n dal i agor calonnau. Y grym sy'n syml yn fy nghalon amherffaith i, yn f'ymwroli at fywyd, yn peri i ni gyrchu at y nod.

Ti yw'r grym na allwn wneud hebddo yn ein bywydau – heb ei gyflwyno yn ôl i Ti mewn bywyd bob dydd o geisio dy adlewyrchu.

O ynysoedd ein personoliaethau, Ti sy'n dod â ni yn ôl at y Tir Mawr, waeth pwy ydan ni, waeth lle'r ydan ni arni, waeth beth yw ein cyflwr. I Dduw y bo'r diolch bythol am hyn.

Amen

Hydref

MI WELAIS DDUW'N Y BORE

(Addasiad ar yr alaw *'I Saw My Lord This Morning'*.)

Mi welais Dduw'n y bore,
ym mhelydrau teg y gwawrio,
ei wawr yn araf ledu
yn disgleirio'r Cread newydd.

Mi welais Dduw'n y bore
yn wynebau'r rhai â'm câr,
eu cwmni sydd yn noddfa
ar lwybrau dyrys bywyd.

CYTGAN
Gwelaf Dduw
ym mhopeth is y rhod,
Boed i ti weld Duw hefyd ynof i.
Gwelaf Dduw
ym mhopeth is y rhod,
Boed i ti weld Duw hefyd ynof i.

Gad im wastad deimlo felly
a chynnig pob un diwrnod,
Boed im wastad weld ei geinder
yn wynebau teg y plant.
Wrth im herio y dyfodol
gad im wastad gael dy ofal,
a cherdded law yn llaw
â'r Duw sy'n fy ngharu i.

CYTGAN
Gwelaf Dduw
ym mhopeth is y rhod,
Boed i ti weld Duw hefyd ynof i.
Gwelaf Dduw
ym mhopeth is y rhod,
Boed i ti weld Duw hefyd ynof i.

GWEDDI PAWB YN UN

Diolch i Ti O Dduw fod gennym i gyd gyfraniad i'w wneud i dy Deyrnas, a helpa ni i ddysgu a gwir werthfawrogi hyn ymhlith ein gilydd. Cofiwn fel Cristnogion ein bod ni oll yn mynegi ein crefydd yn y modd sy'n gyffyrddus i ni, gan beidio ag iselhau dulliau a thueddiadau pobl eraill. Gochelwn nad ydy ein labelu ar bobl ddim yn ein dallu rhag gweld hefyd eu diffuantrwydd.

Sicrhawn ein bod ninnau'n galluogi i eraill fynegi eu crefydd neu'n gyfrwng i hwyluso hynny drwy ein gwaith ninnau. Ymdrechwn i fod yn agored ein meddyliau yn caniatáu i eraill fedru ymagor, ac i beidio â theimlo fod ein gweledigaeth ninnau neu ein 'carfan' ninnau yn cael ei beryglu a'i danseilio. Rydym oll yn un yn ei Gariad, ac yn ein haddfwynder a'n mwynder tuag at ein gilydd, ac felly yn cael y fraint o adlewyrchu'r Cariad Mawr.

Amen

Ha Bach yng Ngwyr

GWEDDI HA BACH MIHANGEL

Mae isio amser i dynerwch diwedd tymor, ac amser i wên. Amser i eistedd yn haul ola'r haf a'i deimlo'n gynnes ar ein croen, a theimlo'r awel drwy'r gwallt, i sylweddoli cymaint o fraint yw bywyd.

Amser i werthfawrogi, cyn nosweithiau tywyll a chyn troi gwres y gaeaf ymlaen. Awr i ni ein hunain. Awr efo Duw yn eistedd ar fainc yn rhywle heddychlon. Orig fach eto cyn y siwmper a'r gôt.

Amen.

GWEDDI'R TOCIO

Soniodd Crist yn y darlun cofiadwy hwnnw amdano fel y wir winwydden, a'r modd y mae angen tocio unrhyw beth di-fudd a diangen ynom, er mwyn i'r gwinwydd flodeuo'n fwy effeithiol y flwyddyn ddilynol. Defnyddio'r hyn fedra i ei wneud yn hytrach na'r hyn na fedra i ei wneud yn dy waith, O Dad.

Diolchwn am gyfleoedd a chyfnodau gwahanol yn ein bywydau pryd y'n gorfodir i edrych ar bethau o'r newydd ac o gyfeiriad gwahanol, ac i ymateb yn bositif i'r cyfle i docio ac i wella rhannau o'n bywydau. Diolch fod d'arweiniad yn realistig ynglŷn â'r hyn y medrir ei gyflawni.

Mae lle i ni gyd holi ein hunain yn ddwys iawn am y pethau y caniatawn yn ein bywydau, ac y cysylltwn â hwy, er mwyn sicrhau mai gwin o'r ansawdd iawn sydd gennym i'w gynnig, gwin sy'n gwella efo'r blynyddoedd ac yn falm i eraill. Felly hwylusa'r ffordd Arglwydd i bawb ystyried pa rannau sy'n gweithio drosto Ef, a pha rannau o'n bywydau sydd angen eu tocio, er mwyn i ni fedru gwneud dy waith yn fwy egnïol.

Amen

GWEDDI ATHRO AR DDECHRAU TYMOR NEWYDD

Dw i isio dysgu fy nisgyblion mwy na gwersi mewn llyfr,
pethau dyfnach y bydd pobl yn eu hosgoi –
Gwychder y Cread – ei ddefnydd – ond hefyd ei brydferthwch.
Dysgu cywreinrwydd er mwyn iddynt ganfod yr hyn sydd yn wir,
sut i feddwl a dysgu bob dydd i fod yn gryfach.
Dysgu sut i dyfu mewn doethineb ac mewn gras,
fel y byddan nhw un dydd yn gwneud yr hen fyd 'ma yn lle gwell,
mwy dymunol.
Arglwydd gad i mi fod yn gyfaill ac yn arweinydd i roi cychwyn i'r meddyliau hyn
ar eu llwybr i lawr ffordd hir a throellog bywyd.
Wedyn fe fydda i o leia', wedi gwneud fy rhan.

Amen

(Addasiad o benillion ar gerdyn gan Jill Wolf.)

AR ADEG TRYCHINEB

UN
(Medi 11eg, Efrog Newydd)

Wrth i'r lludw a'r budreddi lawio arnom
daethom yn un lliw.

Wrth i ni gludo ein gilydd i lawr grisiau'r adeilad ar dân
daethom yn un dosbarth.

Wrth i ni oleuo canhwyllau o wylnos a gobaith,
daethom yn un genhedlaeth.

Wrth i ymladdwyr tân a swyddogion heddlu
ymladd eu ffordd i'r danchwa
daethom yn un rhywogaeth.

Wrth syrthio ar ein gliniau mewn gweddi am nerth,
daethom yn un ffydd.

Wrth sibrwd neu weiddi geiriau o anogaeth
siaradom un iaith.

Wrth roi gwaed mewn rhesi oedd yn filltir o hyd
daethom yn un corff.

Wrth gydalaru'r golled fawr
deuwn yn un teulu.

Wrth i ni rannu dagrau o alar a cholled,
deuwn yn un enaid.

Wrth ailadrodd â balchder aberth eraill
deuwn yn un bobl.

(Addaswyd oddi ar y we, gan fardd anhysbys o Maine, UDA.)

GWEDDI AR GYFER MEDI'R UNFED AR DDEG
(Gan gofio am 11 Medi 2001 yn Efrog Newydd.)

Wedi rhoi cyfrif am y meirw
wedi setlo'r ceisiadau yswiriant,
a phan fydd y marchnadoedd yn ôl i'w natur anwadal arferol,
rydym oll wedi syllu ar uffern lygad yn llygad.
Yn y dyfodol byddwn yn osgoi adeiladau tal,
symudwn yn raddol o ddinasoedd,
hedfan yn llai aml, craffwn yn fwy pwyllog ar ein cyd-deithwyr,
ceisio nodded mewn mwy o realiti gwireddus,
masnachu o fewn terfynau diogelach drygioni'r we.
Gwrandawn yn amheus ar eiriau ein harweinwyr
wrth iddyn nhw fustachu i hunan hyrwyddo.
Hedfanodd pedair awyren o'r blwch Pandora,
a phan gall dynion wedi eu harfogi â llafnau rasel
ddod â'r byd mawr crwn i atalfa mor sydyn,
fe wyddwn ni ormod
a malio rhy ychydig y gallai hwn fod y tro diwethaf.
Pan fydd y gêm fawr o fonopoli drosodd.
Mae strancian y collwr wedi dod yn llawer rhy beryglus,
hyd yn oed cyn i'r dicter oeri
mae'r moesoli nawddoglyd yn ddim ond pentwr o olion yn
mygu.
Mae Iesu yn penlinio ac yn ysgrifennu â'i fynegfys
yn llwch gwyn Manhattan.
Boed i hwnnw heb bechod lansio'r taflegryn cyntaf.
Pwy yw ein gelyn, ac â beth y medrwn ymladd yn ei erbyn?
Lle mae ein cynghreiriaid?
Lle roedd Duw
ar Fedi'r unfed ar ddeg?
Roedd o'n begera mewn hen garpiau
yn y llwybr tanddaearol o dan Ganolfan Masnach y Byd.
Roedd o'n ddigartref yn Gaza
wedi ei garcharu yn Afghanistan,
yn newynu yn Somalia,
yn marw o AIDS mewn hofel yn Angola,
yn dioddef ym mhobman yn y byd hwn sy'n prysur leihau;
roedd o'n troedio ar awyren heb yn wybod iddo yn Boston,
yn anelu am y cyfarfod ar y cant a degfed llawr.

Pan ddaeth yr adeg fe ymestynnodd ei freichiau unwaith eto
i gymryd y gwrthdrawiad dychrynllyd a fyddai'n trywanu ei
ochr.
Ei neges olaf ar ei ffôn symudol isel ei batri
oedd unwaith yn rhagor i ofyn am faddeuant iddynt i gyd,
cyn i'w gorff ddisgyn o dan bwysau cymaint o ddrygioni.
Down â'n camerâu i'w fedd anferth
rhag ofn bod unrhyw arlliw o atgyfodiad.
Rŵan rydan ni'n gweld pethau fel y maen nhw
Wedi'n huno gan y gelyn cyffredin – terfysgaeth pechod –
feddylion ni erioed y byddai'n esgor ar y fath ddinistr.
Nawr mae'n rhyfel.
Rhown ein harfau mewn llinell
Ffydd, gobaith, ufudd-dod, gweddi, maddeuant, cyfiawnder

grym ffrwydrol Cariad.

Amen

(Addasiad o weddi yng nghylchgrawn Eglwys Poyser Street, Wrecsam)

DYRCHEFIR FI. YOU RAISE ME UP

(ar yr alaw 'You Raise Me Up' gan Westlife ac eraill)

Pan wyf ar goll
a neb yn medru 'nghyrraedd,
Ar gefnfor loes
a'm calon yn trymhau,
Dynesaf at y Grym sydd yn wastadol
Y Cariad rhad sy'n diosg unrhyw ofn.

Dyrchefir fi
i mi gael rhodio'n dalsyth,
dyrchefir fi
i grwydro glannau oes,
Cydnerth wyf fi
pan rodiaf yn dy gwmni,
Fe weli di
yr hyn na fedra i.

Pan wyf yn wan
a'm ffrindiau wedi cilio,
Cymylau du
yn cronni o fy nghylch
Fe ddoi â'th falm i'm cyffwrdd ac i'm nerthu,
a rhoi i mi y gallu i barhau.

Dyrchefir fi
i rodio'r byd yn wrol,
dyrchefir fi
i geisio gorwel gwell,
Dyrchefir fi
fel gall fy ysbryd hedfan,
Tydi sy'n rhoi i minnau
flas ar fyw.

Dyrchefir fi
i geisio gloywach wybren
dyrchefir fi
i ddeall hanfod byw.
Esgynnaf fry
i gyffwrdd popeth posib,
esgynnaf fry
i gyffwrdd mantell Duw.

GWEDDI HYDREF

Annwyl Arglwydd pob tiriondeb,
bydd yn agos atom yn hydref y flwyddyn.
Wrth i ddail ddisgyn,
boed i mi gofio gogoniannau'r cynhaeaf,
cnydau'r meysydd,
y ffrwythau'n pwyso ar y coed.
Dysg i minnau rannu cynhaeaf dy Gariad Di
efo'r rhai rwy'n eu cwrdd bob dydd.
Boed i harddwch euraidd y tymor hwn
aros yn fy mywyd a'm calon yn wastadol.

Amen

CARIAD HYDREFOL

Mae 'na fath o gariad
sy'n aeddfedu'n unig
yng ngolau'r Hydref.
Yn chwyddo i berffeithrwydd hwyr
fel ffrwyth tywyll maethlon,
yn llenwi'r geg
â melyster porffor,
yn cleisio'r cnawd
â thynerwch.
Yn orlawn â sudd
a wesgir i wneud
gwin melys, cryf,
yn llosgi yn y gwaed.
Brysiwch i orffen hel
mwyar meddal cyforiog
wrth i'r adar hedfan i'r De;
mae'r dail yn troi
a'r coed tân yn ddisgwylgar yn y sgubor.
Mewn dyddiau cynnil i ddod
tynnwn yr Haf hylifol
o'r silffoedd cysgodol.
Bydd ein tafodau'n oedi
ar flas atgofion,
gwefusau oer yn cyffwrdd coelcerthi
a ddygwyd o'r haul.
A ninnau'n difaru na chawsom nerth
i gludo mwy na'r cynhaeaf adre.

(Addasiad o *'Autumn Love'* gan Sheila Parry.)

GWEDDI BYCHANDER

Bychanu fy hun o'i flaen Ef, gosod fy hun ger ei draed. Bychanu fy hun o'i flaen Ef, mynd ato fel plentyn. Bychanu fy hun ger ei fron.

Pan gerddaf adre a'r sêr yn eu llu, Dduw Iôr, rwyf innau'n mwynhau fy mychander i. Cael syllu i fyny a phob seren ar fin tafod bron. Syllu a syllu a syllu a throi, bron medru rhedeg bys hyd fin Amser.

Dysg i mi sylweddoli ar waethaf llwyddiant ambell dro, fy mod i'n fychan ac yn neb yng ngwyneb dy ryfeddod a'th gyfrinach Di, Dduw. Helpa i mi, serch hynny, i gyfrannu o'm bychander at y Datguddiad Mawr.

O Ysbryd Glân, yr Eiriolwr, saf gyda ni gyd ymhob penbleth a gwendid. Dwg ar gof y cwbl a ddysgodd Iesu inni, tywys ni yn ein bychander at y gwirionedd a sancteiddia ni ynddo.

Amen

DIOLCHGARWCH

Crist yr had,
Crist y cynhaeaf,
Boed i ni gael ein cywain
yn ysgubor Duw.

Crist y moroedd,
Crist y pysgod,
Boed i ni gael ein dal
yn rhwyd Duw.

Ac o ieuenctid i henaint,
o henaint hyd farwolaeth
boed i dy ddwy fraich, Grist,
ein cofleidio

Ac ar derfyn ein hoes
ni cheir diwedd, ond bywyd newydd,
ym mharadwys hapusrwydd a heddwch
ymgasglwn atat Ti.

(Addasiad o eiriau traddodiadol o'r Iwerddon.)

GWEDDI DIOLCHGARWCH AM Y CYNHAEAF

Nefol Dad, deuwn atat heddiw yn ein bodlondeb a'n llawnder i ddathlu Gŵyl arall o Ddiolchgarwch. Daeth y cynhaeaf cyforiog â'i fendithion i bawb ohonom yng Nghymru, a maddau i ni os ydym yn cymryd y cwbl yn ganiataol.

Closiwn atat er mwyn rhoddi diolch tawel i Ti am y wlad, am rym y pridd, a'r esgor newydd ar fywyd o hyd. Cedwaist lygaid ar yr had drwy oerni'r Gaeaf tan y daeth y Gwanwyn i ysgwyd y byd o'i drwmgwsg. Diolch am dy nawdd i'r cnydau, y ffrwythau a'r llysiau llesol, ac am yr holl amrywiaeth rydym yn ei fwynhau. Diolch yn ein hoes o fwydydd parod am gynhaliaeth faethlon y ddaear naturiol heb gemegau a lliwiau ychwanegol. Maeth cynnyrch cynhenid dy greadigaeth.

Dduw, bydd yn asgwrn cefn i'r rhai hynny yn ein byd ni sy'n ceisio rhannu dy gynhaeaf Di. Boed i ninnau yn ein digonedd lluosog ddysgu sut i roi a rhannu yn fwy effeithiol â'n brodyr a chwiorydd yng ngwledydd y byd sydd mewn tlodi a newyn. Cryfha'r mudiadau fel Cymorth Cristnogol, Oxfam ac eraill, sy'n sicrhau fod y cynhaeaf eleni yn cyrraedd y byd yn grwn, a bod Diolchgarwch yn air i bedwar ban byd.

Amen

Y RHWYG

(Diolchgarwch a'r amgylchfyd.)

Y belen fyw mewn gofod du
Yn araf droi ar echel amser,
Pwy a rwygodd dy groen,
A gadael i belydrau estron
Dreiddio trwy dy gnawd ?

Llifodd yr uwch fioled
i wythiennau dy bobl,
gan bydru eu crwyn
a'u gwthio i'r eirch oer.

Sleifiodd y pelydrau estron
Dros dy diroedd glân,
a llygru gwneuthuriad dy wyneb.

Heddiw wynebwn dy drydydd rhyfel,
yn erbyn y twll yn yr awyr,
A'r gelyn anweledig a wahoddwyd gan y C.F.C.

Y belen fyw mewn gofod du
Yn araf droi ar echel amser,
Pwy a rwygodd dy groen,
A gadael i belydrau estron
Dreiddio trwy dy gnawd?

(Tryfan Llwyd Jones, pan yn 20 oed.)

GWEDDI'R DDAEAR DDA

Dduw ein Tad, maddau inni'r trachwant a'r hunanoldeb sydd wedi peri i ni ysbeilio llawer, nes troi'r ddaear dda hon, yn llygredd a diffeithwch. Agor ein llygaid i weld y perygl, inni gofio'n dyletswydd tuag at bopeth byw, ac inni ddarganfod eto'r gynghanedd iachusol honno gyda'th greadigaeth y'n crëwyd ni er ei mwyn.

Dysg i ni chwilio am fwy o ffyrdd creadigol i sychu gruddiau'r Ddaear, ac esmwytháu ei chur presennol. Pâr i ni rannu dy roddion yn decach. Er i ni yn ein moeth gwyno ein bod yn brin, pâr i ni gofio am y rhai sydd heb ein breintiau ni, gan y gwyddom nad yw pawb yn canu cân o lawenydd ar wyneb y ddaear heddiw. Mae sôn am luosogi ac elw cynyddol, ac eto ni allwn eto fwydo dy bobl.

Diogela'n daear a'i chadw'n adnodd ond hefyd yn rhyfeddod. Boed i ni ddysgu ailgylchu a chefnogi'r byd gwyddonol a'i gwir ddyfeisgarwch er lles y ddaear. Mae cydbwysedd brau a chywrain yng ngwyddoniaeth y Cread, helpa i ninnau dy bobl ymhob canrif i fod mewn cytgord ag ef, ac â Thydi.

Rho gyfle i egni naturiol y greadigaeth, a dysga i ni ddoethineb wrth drin gwastraff. Rydym eisiau diogelu dy winllan i'r cenedlaethau ar ein holau ni, ein braint yw ei chadw i'n disgynyddion. Gwna'r neges hon yn berthnasol i genhedlaeth newydd sydd heb glywed am dy fawredd, heb amgyffred dy rym. Byddi'n dod drachefn a thrachefn ar newydd wedd, wedi dy ddilladu yng ngwisg addas bob cyfnod. O'r fath ddathlu a gorfoleddu a fydd pan ddaw dy bobl i'th geisio a'th adnabod fel grym cyfoes.

Gwared ninnau bob un o'n haflendid, a'n paratoi i fod yn gymeradwy ger dy fron. Pura ni i fedru dod gerbron dy allor. Lleiha bob statws a hunanaddoli, a rho anrhydedd i'n gweithredoedd, a'n hymwneud â'n gilydd. Ymyrra fwyfwy â'n byd â'th ysbryd bywiol.

Os yw'r byd hwn mor rhyfeddol a bendigedig dyhewn am gael codi cwr y llen ar dy fyd tragwyddol Di sydd y tu hwnt i'n dirnadaeth fechan ni ar hyn o bryd. Gorffwyswn dan dy adain, ac ildiwn i'th addewidion oesol.

Amen

GWEDDI DIOLCHGARWCH I BAWB

Ysbryd Duw
rhoddwr bywyd a chariad,
rwyt ti'n dweud y gwir,
rwyt ti'n llosgi'r drwg ymaith;
mae'n rhaid i ti gael cyfiawnder.
Rho'n calonnau ar dân
a'n gwneud yn un corff
â phawb sy'n ceisio dy gynhesrwydd.

Unwaith roedd bara'r bywyd yn had a wasgarwyd yn y ddaear i
farw, a chyfodi i fywyd newydd. Felly hefyd deued dy bobloedd
ynghyd yn un ddynoliaeth ar gyfer dyfodiad yr oes newydd.
Adfera bywyd drylliedig dy gread, mendia gorff toredig dy fyd.
Tynna atat dy hun bobl y ddaear trwy dy Groes ac yng ngrym dy
fywyd atgyfodedig. Boed i bawb ffyddlon rannu yn dy wynfyd –
trwy dy ras, ac arweiniad dy Ysbryd yn preswylio ynom.

Amen

*(Deunydd Cymorth Cristnogol, ac ail ran y weddi yn eiriau o dde'r
India.)*

GWEDDI DDIOLCHGARWCH

Ein Tad, diolchwn i Ti am ein cyrff.
Am lygaid i syllu ar awyr las
neu ar neges cariad llygaid eraill.
Am glustiau i glywed cerddoriaeth wych
ac i wrando ar dy Air rhyfeddol Di.
Am ddwy law i gyflawni ein gwaith
neu i ddal llaw plentyn bach.
Am gegau i flasu bara poeth o'r popty
neu flas sudd afal, neu felyster cusan ar fin.
Am draed i gerdded, i lamu neu i ddawnsio.
Diolchwn am y meddyliau a'r eneidiau a luniwyd gennyt
sy'n medru ymateb i dy Gariad mawr.
Diolchwn i Ti am fod yn Dduw i ni,
am rannu rhodd bywyd,
ac am wneud hwnnw'n werth ei fyw
oherwydd Iesu Grist, Arglwydd Bywyd.

Amen

DIOLCHGARWCH

Diolch i Ti Dduw am dy ryfeddodau. Fel y dywed y gân gyfoes –
o'r eiliad y'n genir mae gormodedd i ni ei weld o ryfeddodau'r
ddaear. Ond helpa i ni weld y rhyfeddodau sydd o fewn cylch
ein profiad ni – gwên annisgwyl, gair caredig o ddiolch neu
werthfawrogiad, yr harddwch sydd mewn llygaid eraill.

Diolch ein bod ni'n byw mewn ardal a gwlad sydd â
chymaint o harddwch yn perthyn iddi. Boed i ni ei diogelu hi
rhag llygredd. Sicrha ein bod yn cadw ehangder mawr y mynydd
yn bur, a bwrlwm y môr a'r afonydd a'u cylchdro naturiol, yn
brofiad byw i ni gyd.

Yn fwy fyth Dduw, gofynnwn i Ti olchi unrhyw lygredd
sydd ynom ni fel pobl – y geiriau cas, y lladd ar berson arbennig,
y genfigen sy'n troi'r llygaid hardd yn llygaid hyll y troir i
ffwrdd oddi wrthynt.

Amen

TRYSORAU

Pan fydd dim ar ôl i weld drwyddo,
popeth wedi'i brofi cyn ei bryd;
ar adegau pan fydd y sgript yn peidio
a'r llinellau yn gwrthod dod,
Pan fydd yr ysbaid yn rhy hir
a'r gymeradwyaeth wedi marw.

Cofia hyn,
Am bob un sy'n dyheu am adael,
mae un am ddod yn ôl.
Am bob un dibris
mae un sy'n meddwl y byd ohonot ti,
Am bawb sydd eisiau taflu ymaith,
mae eraill eisiau dal yn dynn.

Pan fydd y gwisgoedd ddim yn gweddu
y llais ddim yn cyd-fynd â'r llun,
pan fyddi di'n teimlo dy fod ti'n cyfri dim,
a nhw'n cael cyfri pob peth;
Ar gyfer yr eiliadau byrfyfyr rheiny
pan gyll y masg ei loywder.

Cofia hyn,
Am bawb sy'n cymryd mantais,
mae un sy'n perffeithio rhoi
Er pob creulondeb brwnt
mae cynnig llaw yn bod.
Am bob un sy'n caledu'i fyd
ceir un a fyn feirioli.
Am bob un balch, un sy'n fodlon plygu.

Am bob un â chwerwder dwfn
ceir un i ysgafnu'r tryblith
Am bob un â nod rhy uchel
mae un i'w dynnu i'r ddaear,
Am bob un sy'n bradychu
fe erys dyrnaid yn driw.

Cofia hyn,
Am bob un sy'n dyheu am adael,
mae un am ddod yn ôl.
Am bob un dibris
mae un sy'n meddwl y byd ohonot ti,
Am bawb sydd eisiau taflu ymaith,
mae eraill eisiau dal yn dynn.

CYFNOD SUL Y COFIO

ANNE FRANK

'Run smic, 'run bagliad, 'run sgwrs
dyna oedd fy nydd,
ac am ddydd mor anodd
i blentyn fel fi.

Bodolaeth yr Annexe,
ac eto roedd hyn yn well
na pheidio â bod o gwbl,
gan y medrwn ymarllwys f'ofnau
fy ngobeithion i'm dyddiadur
a'i wneud yn hardd, gwneud rhywbeth yn gain
yn y byd brwnt.

Ond mi roedd Duw yn bod,
oedd,
rhwng y craciau yn y ffenest.
Yn y goeden hyfryd tu allan
gwelwn droad y tymhorau
yn fy ngwanwyn i.
Ac o lofft yr atig
yr unig beth welwn oedd tŵr yr Eglwys
a byddai cân ei chlychau
yn llonni'r dydd llwm â'i thinc a'i thymp.
Hyd nes y daethant
i roi taw ar y gân.

Cnoc, cythrwfl a choncwest
Llusgo a llabyddio.
Yna,
'run smic, 'run bagliad, 'run sgwrs
dim ond poen y gwersyll pell,
a'm dyddiadur i ar ôl
yn obaith i chi.

GWEDDI AR ADEG O RYFEL

O Dduw graslon ac agos atom, lle mae dy blant yn rhwygo ei gilydd, rwyt tithau hefyd wedi dy rwygo. Yn llawn penbleth, yn dyheu am heddwch i barhau, deuwn â'n byd treisgar ger dy fron. Byd lle mae'r tlotaf yn talu cost casineb y pwerus. Ar yr adeg hon o argyfwng agor ein calonnau a'n meddyliau i dy ewyllys Di, a dysg i ni weddïo'n daer.

Roedd yna adeg pan oedd yr egwyddor o lygad am lygad a dant am ddant yn cael ei weld fel ffordd o gyfyngu ar ddrwg. Ond yn sefyllfaoedd annelwig rhyfeloedd byd, gwyddwn erbyn hyn fod cenhedloedd yn medru anafu a lladd pobl na allant eu gweld. Mae technoleg wedi gwneud rhyfel yn gwbl amhersonol, yn cael ei gyflwyno'n lân ar opera sebon bythol ein teledu. A thu ôl i hyn i gyd, mae bywydau pobl yn rhad, mae realaeth y colli, realaeth rhyfel.

Wrth wynebu hyn rwyf mor fychan a di-nerth ac rwyf yn dibynnu ar dy gryfder anhraethol Di. Boed i holl drigolion y byd sylweddoli'r gwirionedd sylfaenol hwn: nad ydym wedi dod i'r byd er mwyn cynnen a rhaniadau, nid i gasáu a bod yn eiddigeddus, nid i dywallt gwaed. Yn hytrach rydym wedi dod i'r byd i dy ganfod a dy adnabod Di ym mywydau ein gilydd – dy gariad, dy gydymdeimlad, dy addfwynder a'th oddefgarwch.

Amen

(Addasiad o ddeunydd Cymorth Cristnogol adeg rhyfel yn Iraq)

MEWN CYD-DESTUN

(Dau funud o dawelwch i gofio diwedd yr Ail Ryfel Byd
yn Marks and Spencers, Wrecsam.)

Hiramser byr
a'r tiliau'n marw fel ergydion.
Am un ar ddeg tynnwyd y plwg
a safodd pawb yn stond
uwch eu llysiau, eu pasteiod parod a'u Salad Fflorida.
Dal eu dillad yn dynn,
eu hongian ar hangeri eu hiraeth
neu geisio rhith o'r hyn y credent
y dylent ei gofio
mewn drych.
Rhewodd eraill wrth oergelloedd.

Doedd pwysigrwydd ein trowsusau gwaith taclus,
deg punt ar hugain y tro,
na'r arwyddion newydd dwyieithog
hyd yn oed
yn ddim o'u cymharu
â grym deigryn tawel gwraig y til,
pan oedd pawb yn chwilio am ystyr
i'r mudandod.

Hyd nes y dychwelodd y golau
a phing a thring
ein côd bar brysiog o fyw,
a mynd ati i brynu'r trowsus gwaith
deg punt ar hugain y tro,
ymfalchïo fod yr iaith yn cael ei phriod le,
prynu bara Ffrengig.

Dychwelyd i'n hymboeni a'n pwysedd,
a'n statws bach,
ein trin brwnt ar ein gilydd,
ein ffeithiau, ffigurau a thystiolaeth fondigrybwyll.

Nid oedd y rhain yn ddim
o'i gymharu â'u colli hwy,
a chofio traeth pell
y troediasom arno
gan adael ôl
am ddau funud mud.

FFENESTR EGLWYS ST MALO

(Adeiladwyd y ffenestr drawiadol wedi dinistr yr Ail Ryfel Byd, gan wneud y Gadeirlan yn Llydaw yn gyflawn unwaith yn rhagor.)

Gwewyr ein gorfoedd,
dryswch ein hawddfyd.
"Dydy'r ffenestr ddim yn gwneud unrhyw synnwyr arbennig –
Mae'n fodern !"
meddai hen wraig glên
a werthai gardiau.

Dail aml-liw cyfoes
fel dagrau lliwgar
dyn
o oes i oes;
olwyn liwgar
yn diferu fflamau
o hapusrwydd
i'n dyrchafu
er eu bod yn syrthio.
Cofio dinistr diferu angau
drwy ein codi,
codi.
Try ffensestr ddoe yn ddrych i yfory.

Yn dy liwiau a'th lewyrch
gellir maddau
i'r byd
ac i ninnau
ein beiau oll.

COFIO RHYFELOEDD A SUL Y COFIO

GOBAITH
(Leonard Cheshire a chartref Dolywern, Dyffryn Ceiriog)

Tröedigaeth
uwch uffern gras Nagasaki;
bedydd yng nghysgod y madarch du.
Tithau, Cheshire,
a fu'n gymaint o giamstar ar y lladd –
y lladd deheuig a'r ffrwydro strategol
a chwalai'r nod bob tro.
Y ti, o bawb,
yn cyfnewid Croes Victoria
am Groes dy Waredwr.

Gwelaist y tu hwnt i'r cam eithaf
wawr hunllefus o gieidd-dra dyn
a'th drodd i geisio'r hardd
ac i chwennych y cain.
I blannu hadau cariad
ledled byd
lle bu dy ddistryw.

O'r meddwdod daeth addfwynder
ac o'r afradlonedd rymuster,
a throdd dy gyrchoedd hunllefus
yn groesgad ogoneddus
dros anffodusion byd.

Cartrefi
yn estyn dwylo tros gyfandiroedd.
Codaist o ing dy brofiad
groesau dy edifeirwch,
cofgolofnau dy gariad.

Daeth cartref i Ddolywern
yn gymynrodd o'r ail–ganfod,
a'r tawelu
heb chwiban awyren mwy.

Dim ond trydar adar yn y coed
a chyfeiliant afon Ceiriog,
a gwanwyn dy ymgysegriad
yn blaguro gobaith
yng nghaethiwed y gaeafau hir.

RHWNG Y RHAIN

Y wybodaeth rhwng y cwestiwn a'r ateb,
Y curiad rhwng y dawnsiwr a'i gerdd,
Y pellter rhwng dau filwr cyn iddyn nhw ei bontio,
Meddyliau gonsuriodd awdur, ond na sgwennodd i lawr.

Y cysylltiad rhwng y milwr cudd a'i darged
Y tir cyffredin rhwng y ffuglen a'r ffaith,
y sain cyn i'r farchnad stoc ddechrau bargeinio
y cyfnod clir cyn i'r cyffur eich mynnu'n ôl.

Yr ennyd cyn i ddau gyhoeddi'u cariad,
yr eiliadau rhwng perfformiad a chlap y dorf.
Pan yw'r gwpan hanner gwag yn dal i ddiwallu
a gwên gyfarwydd yn parhau er y gair brwnt.

Y gwersi a ddysgais rhwng greddf a chyfarwyddyd
y llwybr rhwng proffesiynol a dechreuwr pur,
Atalfa olaf gwyryfdod cyn ei golli
y ffordd rhwng sant a phechadur ynom i gyd.

Pan fo esgid yn gweddu, ac fe'i gwisgaf â balchder,
Pan dwi'n rasol ar achlysur dyrchafiad a hefyd mewn cwymp,
Pechod marwol a'm ceisiodd heb fy nghanfod
Pechod marwol adawodd bob tro y galwais i draw.

Y bylchau sy'n llenwi'r gofod rhwng emosiynau,
Y deffro i realaeth rhag gafael breuddwyd nos.
Yr hud sy'n dal i weithio heb fod angen moddion.
Mae Heddwch yn y bylchau rhwng y rhain.

(Rhydd addasiad o gerdd Dike Omeje o Nigeria, 'The Pieces In-
Between', ar daflen heddwch yn Lerpwl yn ystod un o'r
protestiadau lluosog yn erbyn y rhyfel yn Irac.)

GWEDDI'R CYMODI

Dysg i ni Dduw, y nerth sydd mewn ymatal, y gwahaniaeth rhwng trafodaethau rhwng gwledydd, a bomio didrugaredd. Atgoffa ein gwledydd a'n harweinwyr sy'n fynychwyr mannau o addoliad, mai Tywysog Tangnefedd yw'n tywysog ni, a bod Duw i'w ganfod – nid yn y storm a rhu'r daran, ond yn y llef, ddistaw, fain.

Amen

GWEDDI I'R TANGNEFEDDWYR

Atgoffa ni bob amser, Arglwydd, nad carwyr heddwch sy'n cael eu bendithio, ond y rhai sy'n gwneuthur heddwch. Siapia ein bywydau yn fynegiant o'n cred, fel bod eraill yn gweld cyfatebiaeth rhwng yr ystyr i fywyd a arddelwn a'r dull o fywyd yr ydym yn ei fyw.

Pan gadwn yn dawel am y fasnach arfau, gwna i ni sylweddoli fod ein tawelwch yn siarad. Pan wrthodwn wneud sylwadau, rydym yn wir yn mynegi barn; pan rydym yn gwneud dim rydym yn cydymffurfio. Helpa i ni wneud Ti Grist yn ffon fesur ar ein holl weithredoedd.

Diogela ni rhag y nerthoedd diwylliannol sy'n ceisio ein lliwio i gyd â'r un paent er mwyn cydymffurfio â rhyw ddelwedd, ar wahân i d'un Di. Dangos i ni'r drwg rydym yn ei wneud pan rydym yn glastwreiddio neges yr Efengyl – pan ddeuwn yn ddrych yn adlewyrchu holl raniadau a chasineb y byd, yn hytrach na ffenestr sy'n galluogi i dy gyfanrwydd a dy gariad Di dywynnu drwyddo.

Amen

(yn seiliedig ar weddi gan Andrew Farlow)

ARDDANGOSFA

(Arddangosfa o farddoniaeth a lluniau Waldo Williams)

Cyfarfyddodd â'r Diamser unwaith rhwng Parc y Blawd
a'r Weun.
Cofiodd amdano ym munudau hwyra'r nos
pan sgrechiai'r presennol yn Nhre Cŵn.
Gwelodd y we rhwng brawd a gwlad sy'n clymu calonnau,
a chyfannedd eto yn y tŷ, yn ei balas draw.

Ennyd ohono a grisialir mewn llun a cherdd,
a chlic camera yn wir yw'n byw ninnau
ein cyfraniad oll fel amrantiad sydyn y lens.
Stryffaglwn i ddeall gronyn ar arlliw
y môr goleuni draw.

HEDDWCH

(Yn y gerdd yn ei chyfanrwydd, pwysleisir dychwelyd at y sylfaenol bethau – Craig, afon a choeden. Darllenwyd y gerdd yn seremoni arwisgo'r Arlywydd Clinton.)

Craig, afon a choeden
Rhagflaenwyr rhywogaethau a ddiflannodd ers yn hir,
a welodd y deinosor
adawodd olion sych o'u harhosiad byr yma
ar lawr y blaned.

Ond heddiw, mae'r graig yn galw arnom
yn eglur, yn rymus,
dewch, cewch sefyll ar fy nghefn ac wynebu'ch tynged.
Ond peidiwch â cheisio hafan yn fy nghysgod,
wna i ddim cynnig lle i guddio yma.

Rydych chi a grëwyd ychydig yn is na'r angylion
wedi cuddio'n rhy hir
yn y tywyllwch sy'n cleisio,
wedi gorwedd yn rhy hir
gan guddio'ch wynebau mewn anwybodaeth,
eich cegau'n dylifo geiriau.

Wedi'ch arfogi at y lladdfa –
Mae'r graig yn llefaru wrthym heddiw,
Gallwch sefyll arna i
ond peidiwch â chuddio'ch wyneb.

Ar draws wal y byd,
mae afon yn canu cân hardd. Dyma'r gytgan,
Dewch, a gorffwyswch yma ar fy nglan.

Rydych chi bob un yn wlad wedi ei ffinio
yn fregus, ac eto yn rhyfeddol yn llawn balchder,
ac eto yn bwrw ymlaen drwy'r amser o dan ymosodiad.
Mae eich ymrafael arfog am elw
wedi gadael ôl gwastraff ar fy nglannau,
sawl cerrynt o wastraff ar fy mron.
Eto heddiw fe'ch galwaf at lan fy afon,
os yr ydych yn addo astudio rhoi'r gorau i ryfel.

Dowch wedi'ch gwisgo mewn heddwch,
ac mi ganaf y caneuon
a ganodd y Creawdwr i mi
pan oeddwn i a'r goeden a'r graig yn un.
Cyn i sinigiaeth ddatblygu'n ôl gwaedlyd ar draws eich talcen
a phan wyddech nad oeddech eto yn gwybod dim.
Canai'r afon, ac y mae hi'n dal i ganu.

(Addasiad o ran o *'On The Pulse of Morning'*
gan Maya Angelou, o Troeon)

GWEDDI'R HEDDWCH MEWNOL

Gad i mi wybod am yr heddwch meddwl sydd y tu hwnt i ddicter. Am y tawelwch meddwl sydd y tu hwnt i wleidyddiaeth pobl; dydw i ddim yn gryf efo hwnnw. Am y bodlondeb sy'n drech na bydolrwydd a bri. Gad i mi fod yn hapus â mi fy hun, yn hytrach na cheisio plesio pawb a phlesio neb. Gad i mi ddal i weld dy gariad Di yn y goedwig ddyddiol hon.

Helpa i ni weld fod dy ewyllys Di yn cael ei gyflawni ynom oll. Dyna dy ffydd, dyna dy graig. Y graig a wneir o fwyneidd-dra. Ildia Iddo.

Maddeua'r hyn oll ydym yn ein bychander, ein chwilio a'n chwennych derbyniad, yn ein sathru gwên-deg ar ein gilydd. Rydan ni'n diolch, Dduw, dy fod yn gweld yr eira pur ar ddechrau taith y bersonoliaeth ac yn medru ei adfer yn ein personoliaethau presennol, ar dy lwybr Di.

Amen

GWEDDI'R TANGNEFEDD

Diolch am yr eiliadau heb alwad ffôn symudol, heb neges destun a heb e-byst – eiliadau pan fedrwn ddiosg galwadau'r byd.

Mawrygwn y tawelwch a'r tangnefedd a gawn gennyt Ti. Rhodd yw dy ras yn diwel arnom ei dangnefedd – yn ein hadfywio, ac yn peri ein bod ni'n medru wynebu sefyllfaoedd ansicr efo cadernid a sicrwydd yr heddwch mewnol yn ganol llonydd i ni. Heb y rhodd hwn mi fyddai ar ben arnom ni.

Diolch am yr eiliadau, y munudau o gael bod efo Ti. Diolch am y persbectif mae'r munudau hyn yn ei roi, a'r her o weld sefyllfaoedd am yr hyn ydynt.

Amen

GWEDDI WYTHNOS UN BYD – BYW AR Y DIBYN

Dduw mawr y Cariad
clodforwn ac addolwn Di
fel y Duw sy'n croesawu i'th deulu
bob math o berson,
hyd yn oed os nad ydym ni yn eu croesawu.
Diolchwn dy fod yn dyrchafu a pharchu pob un o dy blant,
hyd yn oed os na fedrwn ni weld y tu hwnt i'n rhagfarn
a'n hofn
at eu gwir werth.

Dduw mawr y Bywyd,
diolchwn dy fod Ti drwy Iesu
wedi dangos cariad sy'n cyrraedd cyrion bywyd,
ac sy'n croesawu yno
y gwrthodedig, y dieithryn, a'r un a gollodd ei ffordd,
a phob un rydym yn eu gwrthod ac yn amodi ein cysylltiad â
hwy.
Diolch dy fod Ti yn cynnig lle iddynt ynghanol y Deyrnas.

Dduw mawr y gobaith
diolchwn fod d'Ysbryd yn hebryngwr goleuni,
gwraidd y gwir,
a gyda'i belydrau
mae llygaid y deillion yn agor,
tywyllwch anwybodaeth yn cael ei wasgaru
a gwawr dy fyd newydd di yn cael ei ddatguddio.

Ein Duw cynigiwn i Ti
ein profiadau o fyw ar y dibyn,
ein hofn o syrthio dros ymyl dibyn bywyd,
a'n dymuniad i ddod o'r cyrion i'r canol.

(Addaswyd o ddeunydd Wythnos Un Byd.)

Gaeaf

Gosod yr olygfa - Cadeirlan Lerpwl

ADFENT

TAFLWR TÂN

Taflwr y fflamau
yn herio lledaeniad y nos,
llafnau ifanc y siopa hwyr
ar stryd y dre
yn swnllyd ac eiddgar am unrhyw gam gwag,
eu traed yn solat ar y ddaear,
eu llygaid yn ddiryfeddod.

Taflu'r tân i'r awyr,
goglais y fflamau,
popeth i ddifyrru
yn nhymor y bwrlwm tymhorol.
Herio'r nos -
fel y goleuodd seren Bethlehem
y gwlybaniaeth yn llygaid
bugeiliaid blinedig gynt.

GWEDDI ADFENT

Arglwydd, llanw ni ag ysbryd disgwylgar fel y Tri Gŵr Doeth a
deithiodd filltiroedd pell yn sicr eu ffydd y deuent o hyd i Grist y
baban.
Arglwydd, rho ychydig o'r llawenydd a ganodd yng nghalon
Mair, pan wyddai ei bod â rhodd Duw yn ei chroth.
Arglwydd rho i ni lygaid plant, a'u gweledigaeth hefyd, fel ein
bod ninnau'r Nadolig hwn mewn rhyfeddod yn disgwyl eto am
eni.
Ac Arglwydd pan ddaw geni, dysg i ni weld ei oleuni yn y Byd,
ond hefyd yn ein calonnau ninnau.

Amen

ANGEL FFIBR OPTIG

Sut lewyrch fyddai ar angel yr Arglwydd
petai o fel angel ffibr optig?
A fyddai Mair wedi ymateb i'r Newyddion Da
gan angel o'r fath?
Rhyw lewyrch amryliw sy'n mynd a dod
fel chwit-chwatrwydd pobl.

Daeth un lliw, un gwawl yn angel Mair
a oedd yn cynnwys y lliwiau eraill i gyd,
i ddatguddio bod Duwdod yn ei chroth,
ac mai llewyrch o'r baban bach hwn
a fyddai'n goleuo'r holl ganrifoedd
â sibrydion ei Newyddion Da.

Golau
nad ydi o'n pylu
ac ailddisgleirio,
ond yn aros yn y galon.
Y golau tawel sicr
nad ydi o'n gorfod siarad ar ran
rhyfeddod.

ADFENT
(Eglwys Dewi Sant, Pen y Cei, y Bermo)

Pnawn Sadwrn glawog
a'r ceiniogau'n disgyn
yn isel a gwag
i'r blwch casglu
yn y wal.

Y seddau'n oer i weddïau clòs
ac amser yn diferu ei dawelwch
ymhell o ras siopau'r dinasoedd.

Yna'n sydyn sŵn y drws pren yn crafu'n agored
a dwy o wragedd oedrannus y llan
yn dod i weini'r Adfent
bnawn Sadwrn.
Dod i drawsnewid blaen Eglwys
yn barod at y Sul.
"Mae 'na rywun yma,"
meddent yn ddrwgdybus
cyn 'nabod stamp fy nhylwyth.

Mae rhai yn dal i baratoi
at ei ddyfod Ef.
Afon Mawddach
yn llifo'n ariannaid heddychlon heibio
er bod berw yn y Bae,
argoel o gynnwrf
yn dyrnu ar y gorwel.

Bodlonwn ar Adfent heddiw
er bod cur a gwaedd yn addewid
rhyfedd y tonnau,
yn ogystal â rhwydi llawn.

GWEDDI'R GANNWYLL

Wrth olau cannwyll dymunwn iddi fod yn olau i oleuo ein ffordd ynghanol treialon a phenderfyniadau, yn dân i losgi ein hamhurdeb, ac yn Fflam i gynhesu ein calonnau a dysgu Cariad i ni. Helpa i ni weld y llafn golau ymhob sefyllfa, ac i fod yn llafnau o oleuni i eraill yn y byd.

Amen

GOLAU MEWNOL

Mewn tawelwch gweithredol mae'r Golau mewnol yn dechrau llewyrchu – un gwreichionyn bach. Er mwyn i'r fflam gael ei meithrin a thyfu, rhaid i'r gynnen leiaf ac i dwrw ein hemosiynau gael eu llonyddu. Trwy ganolbwyntio'n llawn cariad, fe ganiatawn i'r Golau Mewnol losgi a goleuo ein bodolaeth, a thrawsnewid ein holl fodolaeth yn ffynhonnell i'r goleuni fedru pelydru allan ohoni.

(o daflen am y Crynwyr)

YR ADFENT DDAETH

Yr Adfent ddaeth,
fe ddaeth mewn disglair rwysg,
yn lliwgar fel Siôn Corn mewn hapus goch
a gwyn a gwridog foch a llygaid llon,
a gwyrdd ac aur, a chlychau'n canu yn yr awel glir.
Fe ddaeth ym melfed gyrn y carw
gyda'i ffroenog drwyn.
Fe ddaeth fel porffor len agorwyd o flaen rheng o blant,
(pob un yn wyrth i'w mam a'u tad)
sy'n brysur yn y festri fach
yn adrodd eto stori am y geni tlawd.
Fe ddaeth fel rhes o ddoethion dan y sêr.
Fe ddaeth fel praidd o wlân fugeiliaid ar y bryniau oer.
Fe ddaeth mewn glas nefolaidd lapis-laswli
ym mantell morwyn; dawel fam.
Fe ddaeth mewn marwol liw o lwyd,
fe ddaeth yn gochddu fel hen bren y groes.
Fe ddaeth yn lliwiau'r lloer a'r atgyfodiad.
Fe ddaeth, ysgytwol olau gwyn, i angylaidd gôr
pan drodd y gair yn gnawd.
Fe ddaeth i achub teulu dyn,
fe ddaeth yn ddi-fai faban i isel grud.
Fe ddaeth yn rhodd,
fe ddaeth yn Grist o ddwy law Duw.

Elisabeth Stephen Colbourne

GWEDDI ADFENT

Tyrd, O Dduw, tyrd yn agos i'th fyd dan gysgod Rhagfyr. Yn y dirgelwch morwynol boed i Ti hau hadau gobaith. I dawelu pobl syml sydd heb y ffydd orchestol, na chwaith yn siŵr o'r ffordd i'r nef, sibryda iddynt ddirgelwch dy ddyfodiad.

Boed i bob un ohonom sy'n gaeth i'r sioe dymhorol a'r marweidd-dra parselog chwilio am lonyddwch fel y bugeiliaid mwyn, a chlywed y gân o ogoniant o'r nef.

Dad Nefol rho i mi Gariad diffuant tuag at eraill, y rhai dwi'n hoff ohonynt a'r rhai nad ydwyf. Helpa i mi oresgyn fy ofnau a'm rhagfarnau, er mwyn dy weld Di ymhob un.

Grist, fe groesawaist Ti'r rhai dan draed, y rhai a deimlai'n fach, helpa i ni ddyrchafu pobl yn hytrach na'u hiselhau, i'w hatgyfnerthu yn hytrach na'u diraddio.

Dduw, ffynhonnell gweledigaeth, fe ddatgelwyd dy ddyfodiad ymhlith y cenhedloedd ar lin Mair, nid ymhlith y pwerus a'r dylanwadol. Rho'r gras i ni i dy geisio lle y gellir dy ganfod, er mwyn i ddoethineb honedig y byd hwn gael ei iselhau, i ddarganfod dy Lawenydd annisgwyl Di.

Arglwydd Iesu, mae'n Nadolig unwaith eto, ac ynghanol y rhuthr a'r paratoi boed i ni dy gofio a dy ganfod Di eleni mewn ffordd newydd ac annisgwyl. Boed i ni wrando unwaith yn rhagor am y sibrydion o bresenoldeb Duw yn ein plith, yn yr oriau arbennig rheiny pan gawn gip ar y gwir Nadolig unwaith eto. A boed i oleuni'r ŵyl hon oleuo pob agwedd o'n bywydau.

Amen

Y PRESEB CYFOES

(Cadeirlan Lerpwl ar drothwy'r Adfent)

Mae'r olygfa wedi ei gosod
y gragen yn ei lle,
a disgwyl a dyheu
am glywed
camau yn nesáu.

Mae'r preseb yn ei le,
ond 'run o'r cymeriadau cyfarwydd eto
wedi mentro
ar eu taith anodd tuag yno.

Mae'r cyfle yma eto i ni.
Tybed a fentrwn ar siwrne,
neu adael y preseb yn noeth fel hyn –
heb 'run o'r cymeriadau
a ddawnsiodd eu ffordd i'n calonnau
un tro ?

'AR GYFER HEDDIW'R BORE . . . '

'Ar gyfer heddiw'r bore'n faban bach . . . '
Côr anaeddfed bechgyn blwyddyn chwech
yn ddisgord wrth ddechrau ymarfer –
yn llusgo'r nodau
ac yn taro ambell un
na chlywyd ei debyg o'r blaen.

Dafydd yn trio'i orau glas,
Aled yn cuddio yn y cefn,
  unigolyn y parti;
Keith yn hunanymwybodol
Dylan Aron yn canu nerth ei ben
  fel pe bai yno.

Richard yn gweld hiwmor yn yr ymdrech,
Arwel o ddifrif a Ben yn ystyrlon.
Paul y dysgwr yn ymdrechu.

Ac o rywle clywaf harmoni uwch
yn cynganeddu y tu hwnt i ffenestr stêm
yr ymarfer;
a sibrydir yn ddistaw
mai da ydyw,
a chymeradwy i glust y Baban.

CAROLAU LLANGOLLEN
(Cyngerdd blynyddol yn y Pafiliwn Rhyngwladol yn oerfel Rhagfyr)

Lapio i fyny
fel hen baratoi'r festri erstalwm,
yn barod am daith.
Paratoi.
Siaced arall amdanaf
fel petawn ar siwrne
ar gyfer Lapland.
Paratoi.

Y cynfasau,
gorchuddion,
cadeiriau haf,
fflasgiau,
baps a chacen.
Paratoi.

Wedi lapio
fel wnionyn,
Cup-a-Soup,
sawl haen o ddillad,
sanau trwchus,
dwy siwmper,
menyg,
sgarff.

Mynd
yn ddigymell yn y diwedd
fel petai at y Crud,
a'r cwsg i ddilyn
fel cwsg baban.
Mynd fel pe bai seren yn y nen,
a distyllu eto'r deigryn
sydd yn niniweidrwydd plant y Côr.

CAROLAU CAPEL HEBRON
(Rhewl, Llangollen)

Ar ddiwedd y ras a'r ciniawa,
awn am dro unwaith eto
i ben draw'r Cwm.

Ar ddiwedd blwyddyn arall,
i glywed carol,
a darlleniad am Ymgnawdoliad
sy'n ein hail gyfeirio
o'n harallgyfeirio.

Heibio holl ystyriaethau byd,
heibio'r rhengoedd,
heibio'r breintiau
at Faban bychan
yn y gwair.

Heibio'r arian sydd fel arfer yn siarad,
at hen alaw gynefin ar organ
a darlleniadau cyfarwydd sy'n ein clymu ni
yn ein dynoldeb pechadurus,
a'n hunig obaith ydyw'r Ceidwad yn y Crud.

Heibio'r acenion a dillad gorau
at alaw ganodd angylion
"Gogoniant yn y goruchaf i Dduw"
Heibio'r ddelwedd a chwenychir
at frenin y Difreintiedig,
y gwastatwr mawr.

Cyfarfod blynyddol â ni ein hunain,
ac â'n Duw.
Noson pan mae seren yn yr awyr eto
ym mhen draw'r Cwm.

CERDYN NADOLIG

(Neges i blentyn)

Mi hoffwn fedru gyrru
un o'r rhain i bawb yn y byd sy'n chwilio.
Llun o'r plentyn bychan
yn syllu ar oleuni'r Crud
a rhyfeddod yr olygfa syml o hyd.

Mi garwn geisio dechrau sôn
am y newid mawr mae'r preseb hwn
wedi'i wneud i blant y llawr,
ceisio dangos fod rhyfeddod bugail y llun
yn rhyfeddod i bawb.

Mi garwn ysgrifennu arno
"I bob Tomos, Nadolig Llawen."

DATHLU NADOLIG

(Jane yn wyth oed)

Doedd hi'n ddim byd sbesial.
Ynghanol miri creu addurniadau,
y bwrlwm i gyd,
daeth Jane â'i 'choeden' Nadolig i mi.

Darn o glai gwaelodol,
stwmpyn o gerdyn toredig
a dail amryliw trionglog
wedi eu gosod blithdraphlith i'r holltau.
Fawr o beth,
prin ei fod yn gampwaith.

Ond mi roedd yma ddathlu,
dathlu geni Iesu,
ac ymgais at liw a llawenydd.
Gosodwyd y cyfan mewn cariad
at y baban bach ym Methlehem
gan ferch fechan
a oedd mor reddfol agos at Dduw
ag yr oedd at ei hanifeiliaid ar y fferm,
ei chŵn, ei chwningod, ei chathod a'i hwyaid,
yr ymboenai amdanynt pan ddeuai storm.

A rywsut fydd coeden Nadolig fyth yr un fath i mi
ar ôl yr ymgais at geinder a daioni,
ac yn dy goeden, Jane,
gwn fod gwawr y Geni unwaith eto yn y tir.

CYNGERDD NADOLIG
(Ysgol leol yn Eglwys y Plwyf, Wrecsam)

Straffaglu annifyr dynol
i'r seddau,
tiwnio'r offerynnau,
y pianydd yn edrych
yn llawer rhy bwysig
i'w les o'i hun.
Troi goleuadau'r goeden ymlaen
a llifoleuadau
i geisio
rhoi tinc newydd
i hen stori.

Rhaglenni'n cael eu dosbarthu,
sgertiau'n cael eu sythu,
murluniau'n cochi.

Yna,
wedi saith
a chychwyn cyngerdd,
yr angylion yn yr entrych
fel gwyrthiau'n cwhwfan,
a dymuniadau diniwed
ar fin cael eu gwireddu.

HUD Y NADOLIG

(Coeden Nadolig a noddwyd gan yr orsaf radio Magic FM yn Lerpwl.)

Mae'r goeden hudolus yn 'Magic' eleni,
nid hud y Geni gwyrthiol
ond radio masnachol
sy'n sillafu'r enw
ym mhlethiad y goeden dechnolegol
efo'r goleuadau laser.

Radio'r egos yn brwydro,
y gynulleidfa'n llithro,
mae angen gwerthu caled ar yr enw
Magic FM,
hyrwyddo'r hunan.

Ond nid gwyrth bychanfyd y cyfrwng a'i donfeddi
yw'r wyrth,
ond atgof pell o Goeden y Bywyd,
y Wir Winwydden a ddeilliodd o'r Geni hwn.
Yr un a wnaeth wahaniaeth,
a gyfathrebodd mor glir
pan oedd y goleuni'n ifanc.

Awn at y goeden yn ddiymhongar,
a dathlwn yn ei chysgod,
a chofiwn yr hud sy'n hŷn na Magic FM.

LLEISIAU'R NADOLIG CYFOES

Llais 1 : Mae gen i bopeth i mewn yn barod,
   Wfft i unrhyw un ddaw i guro ar fy nrws !

Llais 2 : Dwi'n falch ei fod o i gyd drosodd
   Fedra i ddechrau byw eto!

Llais 3 : Mae 'na fargeinion yn 'Dre
   os oes gan unrhyw un yr egni i fynd i'w nôl nhw.
   Wast ar amser ydy'r 'Dolig !

Llais 4 : Ges i Ddolig *mega-boring*. Dim i'w wneud.
   Mae'n iawn i'r plant,
   ond am y gweddill ohonom ni,
   dw i erioed 'di bod i 'ngwely mor gynnar!

Cydlefaru :
   Daeth Un bach i'n byd
   i ddangos Cariad,
   a dwyn baich ein heuogrwydd,
   a gwneud bob dydd
   yn fendigedig Nadolig.

POPETH LLAI NA PHUNT

Dacw'r hogyn sydd â'i Nadolig i gyd
yn dod o fagiau mawr Poundland.
Mae'n cael ei yrru o'u hamgylch i gyd,
"Everything You Want,"
ac mae ar ei ffordd i'r "Siop 99 ceiniog"
yn y ganolfan sgleiniog newydd yn y Dre.

Ond Poundland yw ei ffefryn,
achos yno mae'n cael naws y Nadolig
yn y goleuadau cynnes
a'r tâp llon egniol "Step into Christmas
Step into Christmas . . . "
Yno rhwng y cownteri
yn ei hyder hŷn na'i ddeuddeg oed,
mae'n ceisio'r anrheg bwysicaf –
dipyn o gyfeillgarwch y Nadolig hwn.

"Merry Christmas every one . . . "

Y wên a geir gan y weinyddes yn Poundland
sydd bellach yn dod i'w nabod o,
a'r hogyn ifanc o'r Chweched Dosbarth,
a arferai edrych allan amdano
ar fuarth yr ysgol.
Yr hogyn sy'n rhoi ei wyneb ar ffenest y dosbarth
a thynnu tafod yn annwyl ar yr athro
sy'n nabod ei dad o.

"All I want for Christmas is you.."

Wedi cael llond bol o siopau
lle mae popeth yn bunt,
ei sylw yn bunt a deflir ato,
ei gariad yn bunt,
ac yn y gwacter mae tyfu,
bod yn ddyn yn disgwyl yn yr ochrau.

Ond am heddiw,
fe rown ni bigiadau yn y gwallt,
a gweld pa fargeinion sydd ar gael tua Poundland.

Cofiwn ar drothwy Gŵyl
un arall sy'n gweiddi o du hwnt i'r tâp llon,
a gafodd ddechreuad 'Popeth llai na phunt' hefyd
mewn crud benthyg.
Fe ddeallai O wewyr plentyn Poundland
yn chwilio am wên a chynhesrwydd noswyl Gŵyl.
Yr hen wewyr ailadroddus hwnnw sy'n cnoi
fel cryno-ddisg yn glynu.

"Oh I wish it could be Christmas every day . . . ay . . . ay"

PRESEB CANOLFAN SIOPA CAER

Dio'm ots ai o gefn y brenin
neu o gefn y bugail,
yr un yw'r wyrth
yn y preseb ffigurau
yng nghanol disgleirdeb y siopau gorwresog.

Syllwn innau,
ac ymwasgai hithau'r fechan
rhwng y piler a'r preseb
wythonglog.
Y llif yn mynd heibio,
ond hi a mi yn dal i syllu,
gan edrych ar ein gilydd bob hyn a hyn,
yna'n ôl at hen stori'r Nadolig
yn y gwellt a'r gwair
yn ddi-air.

Yng nghanol canolfan y gwario
lle teyrnasa Mamon y Nadolig dro,
lle'r atseinia'r sgidie swel
fel hoelion llachar,
ymfalchïai'r fechan yn y baban yn y crud,
a dweud wrth ei rhiant a oedd ynghudd
pwy oedd y cymeriadau i gyd
yn y ddrama fwyaf a fu erioed.

Ro'n i'n gallu dweud
o edrych ar lygaid y fechan
ein bod ni'n dau yn chwilio
am yr un ongl.

SIOP NADOLIG

(Siop dros dro mewn hen sinema)

Chwistrellu'r Nadolig hyd ffenestri'r siop,
chwythu eira ffug i'r corneli,
taenu gwyn a glityr yn batrymau
a fydd yn cael eu golchi ymaith yn Ionawr.
Hwyl wrth i'r genod greu
a dethol geiriau i'n denu,
"Happy Xmas"

A'r Nadolig yn dod allan o dun,
fel hen ffilmiau Hollywood du a gwyn
a fu'n gweu eu hud yma gynt,
ond Crist wedi ei hepgor o'r hwyl
fel golygfa wedi ei golygu o hen ffilm fud,
a'i gadael ar lawr y stafell olygu,
"Happy Xmas".

Y TU HWNT

Mae'r Neges yn y drôr bellaf
yng nghanol yr anrhefn,
y tu hwnt i'r holl gloriau sgleiniog,
yng nghanol ein brys nodiadau.
Rywle yno mewn amlen lychlyd
mae cyfrinach y Nadolig yn cuddio.

Pan yw'r bar cod yn methu,
a'r trefniant ciwio cywrain
yn mynd yn ffliwt,
pan ddiffoddir Slade –
mae seren yn y nen
sy'n ceisio cyfathrebu.

Y tu hwnt i'w cwsmer anodda'
neu ganu eneiniedig plant llofft yr organ,
erys rhyfeddod ein hongian yma.

Y tu hwnt i aroglau'n chwydu o'r bwytai gorlawn,
gam ymhellach na'r bisgedi arferol i'r staff,
dydi'r record hon ddim ar gael yn y siopau,
ar goll yn y ffal-di-ral.

Siopa
fel tâp yn dirwyn i ben,
yn cyrraedd pen y daith,
yn datgysylltu o'r sbŵl,
cyrraedd pen y tennyn.
Llusgo adref heibio i'r arwydd wrth y lletty
sy'n dweud "No travellers"
a geiriau'r digartref
yn ein bwyta'n fyw
gan mai ei eiriau Ef ydynt.

Y tu hwnt i eco seindorf yr Iachawdwriaeth
ar y funud ola' noswyl Nadolig,
mewn rhyw gongl annisgwyl o'r dre
lle nad yw materoliaeth
wedi treiddio i'n gwythiennau.

Ar ddiwedd parêd Santa,
fe gyfyd eto'r Baban
a'i Gariad i'n calonnau.
Yma. Heno. Rŵan.

GWEDDI CYN Y NADOLIG

Cyn y Nadolig, tawela ni. Cyn y Nadolig datguddia i ni wir ystyr
dy ddyfod - nid y gwagedd ond y sylwedd, a'r sylfaen ar graig
dy Gariad. Cyn y Nadolig arafa ni er mwyn i ni ddeall yr hyn a
fynni gennym, ac i ni fedru cyfeirio'n tymor eleni. Boed i ni gyd
fedru cael ennyd yn ein prysurdeb i gael ein swyno, ac i
synhwyro ein bychander wrth i'r band chwarae eto "Dawel nos,
sanctaidd yw'r nos."

Rho chwa fach o'th bwrpas i ni eleni ynghanol corwynt y
gorwario, ac yn ein rhuthro i weld hwn a hon, cofia pwy sydd yn
ein gyrru yno. Cymell ni eto at y Crud, ac at y tawelwch oddi
mewn i ni sy'n cyhoeddi bod lle yn y lletty cyfoes hefyd. Gad i'r
golau gwiw o breseb Bethlehem ein treiddio heddiw hefyd.

Tawela ni ac arafa ni'r Nadolig hwn, fel y cawn rannu dy
wir Nadolig a'i obaith i'r byd.

Amen

YMGAIS

Mae 'na ymgais i gofio Amdanat
ar organ a chân a darlleniad,
ac er efallai y teimlwn ei bod hi'n dlawd yma,
mae hi'n gyfoethog draw.
Mae ymgais i'th gofio a deall Dy ystyr
yn ein bywydau ar drawiad hen ganiadau,
a'r onglau newydd a gawn ar dy hen ŵyl Di,
gan y cerddorfeydd a'r bandiau,
a'r ymuno mynych mewn hen garolau.
Mewn plygeiniau digyfeiliant a fyn danio'r gwreichionyn,
yn nirgryniadau'r organ
yn nesgant y côr,
sibrydir eto dy fod
Ti'n dal i fod –
er gwaethaf dy regi,
dy wrthod, dy wadu.

Mae ein mymryn doniau wedi eu gosod yn rhoddion
wrth y Crud
sy'n dal i fedru cyfareddu byd sinigaidd.

Daw teidiau, neiniau, antis, yncls,
cymdogion digapel
rywsut yma i ryfeddu
fel plant bach,
ac i ymwneud â rhywbeth sy'n hen yn eu cyfansoddiad
fel adlais lleisiau'r côr mewn cadeirlan yn diasbedain.
Ym mharselu anorfod yr ŵyl hon ceir rhyw ymlyniad ganddynt,
rhyw ymgais at geinder a thynerwch y Crist.
Cawn awr y golau disgleiriach
ar luniau yn orielau'r cof,
ac fe dry'r dynol llygredig
am funudau yn lampau dyrchafedig,
ac nid oes neb
a all ddiffodd eu goleuni eirias.

DAL I FOD YNO

Mae o'n dal i fod yno,
fy ffydd gynnes i
fel baban wedi ei rwymo mewn cadachau,
a gwres anifeiliaid yn y côr.

Mae o'n dal i fod yno
yn y modd y bu Mair
yn llawforwyn mor barod
i genhedliad yr Ysbryd Glân.

Mae o'n dal i fod yno
fel brys y bugeiliaid i gyrraedd
heb ofyn pam na sut yn ormodol,
yn llifolau'r seren a ddaeth i oleuo canolbwynt byd.

Mae o'n dal i fod yno,
fy ffydd syml i,
fel y doethion yn plygu
efo'u hanrhegion.

Plygu,
heb fedru dy ddadbarselu Di
yn llwyr.

DIFFODD Y GOLAU

Roedd 'na rywbeth
yn go arbennig
yn nhre'r Nadolig
pan ddiffoddodd y trydan.

I ganol ein prysurdeb,
ein paratoi, daeth amheuaeth i gnoi
i'n disgwyl caniataol.
Pryd ddeuai'r golau yn ôl?

Dim gwerthu yn Marks,
dim coffi yn y caffi,
y siopau'n dywyll fud;
fel petai'r gwir Nadolig
yn ceisio cael cyfle
i rannu'i genadwri.

Ac roedd rhywbeth yn braf
yn yr arafu,
yr eistedd, y disgwyl,
a'r siarad efo'n gilydd.

Roedd Duw yn deall yn union
beth oedd o'n ei wneud
pan dorrodd o'r cyflenwad trydan
Noswyl Nadolig.

GWEDDI DYDD NADOLIG

Diolchwn am y Nadolig – gŵyl i gofio Rhodd Duw i'n byd. Boed i'r digwyddiad cyffredin hwn o eni baban mewn beudy llwm ein hargyhoeddi o'r newydd mai Duw i bawb ydy ein Duw ni, ac mai yn ein naturioldeb y deuwn agosaf ato Ef. Boed i'r neges fythol i Iesu gael ei eni yn y côr elfennol ymhlith clydwch yr anifeiliaid ein hiselhau ni yn ein rhwysg aml.

Mawrygwn ddiniweidrwydd a glendid y plant ar eu bore mawr, a chofiwn ddiogelu'r 'plentyn' ynom ni – yn arbennig y gallu i ryfeddu o'r newydd. Ym mha le bynnag yr ydym wrth ymgasglu'n deuluoedd ar aelwydydd y Nadolig, gwna ni'n werthfawrogol o'r Cariad a'r gofal sy'n cronni yno.

Ail-nertha ni yn ystod y flwyddyn sydd i ddod yn ein bywydau personol ac wrth ddylanwadu ar faterion ehangach, i ddilyn llwybr Tywysog Tangnefedd. Y gwerinwr arbennig hwn a fu'n ddyn yn ein plith ac eto'n Arglwydd yr Atgyfodiad. Dychwelodd eilwaith at werinwyr ei famwlad i dystio mai Cariad sy'n trechu.

Diolch am y bobl hynny a ymatebodd i neges fawr Duw heb amau dros y canrifoedd. Diolch am y seren ryfeddol honno a arweiniodd groestoriad o gymdeithas i blygu ger y Crud. Unwyd Dwyrain a Gorllewin wrth y crud.

Diolch am gardiau Nadolig sy'n ein hysbrydoli, a'r cadw cysylltiad blynyddol hwn â chyfeillion ym mhedwar ban byd. Rho olwg newydd i ni eleni ar ddyfnder Gŵyl y Nadolig, gan weld heibio lluniau'r cardiau delfrydol at rai o'r cardiau sydd er budd rhai ar ddibyn bywyd ar hyn o bryd.

Y Nadolig hwn ailbwysleisia yn ein bywydau bwysigrwydd y pethau cyffredin a rydd flas ar fyw. Rho bwrpas a chyfeiriad i'n cydfwyta, ein haddurno a'n hanrhegu er mwyn i ni roi Ti yn y canol, ac i gofio pen blwydd pwy rydym yn ei ddathlu. Pâr i ni ddathlu'n llawen a gorfoleddu yng ngenedigaeth Arglwydd Bywyd ac Arglwydd y Ddawns.

Amen

Drama'r Geni

DYDD YR IÔR

(ar alaw *'Saviour's Day'*, Cliff Richard)

Cawsom ŵyl Diolchgarwch
daeth gaeaf arall ar hynt,
nawr fod ias ym min y gwynt
mae 'na ddisgwyl
disgwyl
am ddydd yr Iôr.

Llawer un sydd ar grwydr
o gopa'r Wyddfa i'r môr,
amryw â siwrne faith o'u blaen
at y teulu,
y teulu
ar ddydd yr Iôr.

CYTGAN
Llawenhewch ar ddydd yr Iôr,
mynnwch wên, mae 'na wefr yn stôr,
bywyd yn ei gyflawnder sydd
yn galw, yn galw
ar ddydd yr Iôr,
ar ddydd yr Iôr.

Neges i'r hen ac i'r ifanc,
uniad i'r du ac i'r gwyn,
bwydo'r anghenus â bara wnaiff Ef
o cofiwn hyn,
cofiwn hyn
ar ddydd yr Iôr.

Cofiwn am Dduw y presennol
Cofiwn am Dduw ein doe.
Wynebwn ddyfodol â'n gobaith yn her
a chael ei gwmni O,
gwmni O
ar ddydd yr Iôr.

YR YSBAID

Bore Dydd Nadolig yn y Ganolfan Siopa
mor dyner,
mor ddistaw,
mor hynod ddisiopau,
bagiau gwag yn chwythiad yr awel
mor dyner,
mor wag,
mor newydd,
mor ffres
ag anadliad tyner plentyn,
cnawd bach newydd.

Yn y tynerwch hwn
yn dilyn y gyrru cyfoes
mewn ceir a bỳsus a threnau
yn deuluoedd yn heidio am y siopau,
yn y gwacter newydd
cawn gyffro posibiliadau'r dydd newydd hwn.

Yfory bydd gyrru ar hyd y gwythiennau
yn powndio'n ôl i Poundland,
ac arian yn llosgi ym mhocedi
yr arwerthiant mawr
bargeinion a drefnwyd cyn y rhuthr gwreiddiol.

Ond fe fyddwn wedi cael
Heddiw,
yr ysbaid,
yr hoe,
yr ystyried byr a oes mwy na hyn.

GWEDDI NADOLIG

Diolchwn i Ti O Dduw ein Tad am dymor y Nadolig unwaith yn rhagor – am y cynhesrwydd sy'n dod â lliw yn ôl i fochau'r byd, a hynny ar ffurf diniweidrwydd plentyn. Diolchwn ynghanol hirlwm a brath y rhew fod yna le i feirioli a chynhesrwydd a chymodi o hyd yng nghalonnau dynoliaeth.

Nid pawb sy'n mwynhau ein breintiau ni. Cofiwn am y newynog y Nadolig hwn – y rhai na allant greu Nadolig y Cerdyn iddynt eu hunain. Wrth i ni wledda a phartïa, cofiwn am y lleill, y gweddill.

Cofia'r unig a'r digartref y Nadolig hwn, sydd heb gysgod teulu na lle i roi eu pen i lawr.

Gad i ni weld dy wyneb Di
Ym mhob cardotyn gwael
A dysgu'r wers i wneuthur hyn
Er mwyn dy Gariad hael.

Cofia bawb sy'n wynebu colled neu anawsterau dyrys y Nadolig hwn.

Pan oeddwn i mewn carchar tywyll du,
Rhoist in oleuni nefol,
Haleliwia, Amen.

Gofala fod "lle yn y llety" yn ein personoliaethau ni, wrth i ni gyd yn ein hamrywiol ffyrdd agor y drysau i her dy alwad arnom.

Amen

AR Y STRYD

Mae dy eni ar strydoedd Wrecsam heno
yn y gwlybaniaeth
ar Bradley Road,
yn y tawelwch
ger Ysbyty Maelor
nad yw byth yn cysgu.
Mae Geni yn y gwynt
ym maglu un ifanc
ar ei drac unig i'r nos.

Mae dy eni ar strydoedd Wrecsam heno
yn yr heddwch
wedi'r rhuthr di-stop
a'r cwest am rialtwch,
fel pe bai pob diddanwch
ar derfynu eu cytundeb â'r byd.
Distawrwydd beichiog, braf
wedi storom
ein trefnu a'n trimins.

Mae dy eni ar strydoedd Wrecsam heno
yn eu hanwes am bererin hwyrol
o Eglwys y Plwyf,
a fu yno'n croesawu Gŵyl.
Fe feddalir y caletaf â negeseuon y noswyl hon,
yn ymddiheuriadau mab a merch
y tu ôl i lenni cydwybod
y flwyddyn sydd ar gloi.

Daw rhyw gariad i deyrnasu ennyd ar ein byw.

Ac yn yr amrwd, yn sisial hyfryd tawel
awel bore bach y Nadolig
cofiaf am Eni fy Ngwaredwr.

GANWYD CRIST I'R BYD

(Y digartref ym maes parcio aml-lawr Caer am hanner nos.)

Roedd y dyn talu mecanyddol
(brenin y blwch)
wedi'i heglu hi am adre';
y concrit yn sgleinio
â chynhesrwydd od
y moduron a oedd yn weddill
ar jig-so'r llawr.

Eco gwag yn diasbedain
am hanner nos
fel addewid dynolryw
ymhell yn ôl
i'w gwella'i hunan.

Llusgodd y digartref i mewn
am ychydig o ddiddosrwydd
gan mai dyma'r unig le
ar agor bedair awr ar hugain.

Gorweddodd mewn cornel dywyll
ger arogl y dŵr blêr
wrth y lifft,
y lifft
nad esgynnodd i'r llawr uchaf
ers Duw a ŵyr pa bryd.

Ganwyd Crist i'r byd eto eleni.
Ond doedd neb yno i ryfeddu,
dim ond y gwres disglair
yn codi o fonetau'r gweddill geir.

GENI

Disgynnaist fel maddeuant
i feudy anghynnes stryd gefn Bethlehem,
i fyd y brefiad i dystio Cariad,
at werin anwadal a fyddai'n dy groeshoelio.

Ciliasom i grandrwydd byd rhyw ddoethion
erbyn hyn,
yn ddigon pell o faw'r beudy.
A deimlir yr un ias
ymhell o'r arogl elfennol,
ac antur byw neu farw'r preseb plaen?

A ydym bellach yn rhy soffistigedig?
Yn fyddar i gri wefreiddiol
y Geni bythol i galonnau dynion?

PAN OEDD Y BYD YN IAU

(I'w chanu ar alaw adnabyddus Andrew Lloyd Webber *"When Children Rule the World"* o'r sioe gerdd *"Whistle Down the Wind"*).

Crud a seren
brenin ac angel
a bugeiliaid lawr yn y gwair.
Cred yn syml
Duw yn faban
a chân angel y wawr.

CYTGAN
Gwefr a chân, awyr ar dân
pan oedd y byd yn iau,
teithiwn ni at y crud,
a phlant deyrnasa'r byd,
a phlant deyrnasa'r byd (o, ie)
a phlant deyrnasa'r byd.

Rhuthro, gwthio
dyna ein hanes
rasio byw'r lôn chwim o hyd.
ond daeth amser i ni fyfyrio
am fywyd a gaed mewn Crud.

CYTGAN

Teulu dyn yn awr yn penlinio
ger y mawredd gaed yn y crud,
Ninnau nawr a ailoffrymwn
ein hunain iddo'n ein pryd.
Alaw a chân, rown ninnau yn lân
Daeth Duw i'n plith yn gnawd
Rhoes i ni'r Mab, anrheg sy'n rhad
ar nos ddisgleiria'r byd,
ar nos ddisgleiria'r byd (o, ie)
ar nos ddisgleiria'r byd.

CYTGAN

GWEDDI NADOLIG

Cyflwynwn i ti, Arglwydd, ein moliant a'n diolch,
am ystyr a llawenydd yr ŵyl ryfeddol hon.

Diolch i ti am genadwri'r Nadolig
am dduwdod yn plygu at ein gwendid ni;
am fawredd yn amlygu ei hun mewn gostyngeiddrwydd;
am rym achubol mewn baban diymadferth.

Diolch i ti am lawenydd y Nadolig:
am newyddion da i'w dathlu;
am garol a chân i seinio'n clod,
am bob mwynhad a gawn yng nghwmni'n gilydd.

Diolch i ti am ysbryd y Nadolig:
am garedigrwydd a sirioldeb;
am y boddhad o roi a derbyn;
am haelioni a hwyl, am gwmni a gwledd.

Diolch i ti am her y Nadolig,
am y geni mewn tlodi sy'n herio'n bywyd goludog;
am y gwyleidd-dra sy'n cywilyddio'n balchder;
am y tangnefedd sy'n ceisio lle yn ein calonnau.

Cyflwynwn i ti, O Dduw, ofidiau a helyntion dy blant
a phawb sydd mewn angen y Nadolig hwn.
Gwared ni rhag anghofio ynghanol ein digonedd
y cleifion a'r cystuddiol,
y tlawd a'r newynog,
yr unig a'r trallodus.

Tywys hwy at y Crist a ddaeth i'r byd
i weini wrth y llesg a'r gwan.
Cymorth ni i wrando ar gân yr angylion
ac i geisio tangnefedd ar y ddaear:
tangnefedd rhwng cenhedloedd a phobloedd;
tangnefedd yn ein perthynas â'n gilydd;
tangnefedd yn ein cartrefi ac yn ein calonnau.

Amddiffyn y rhai sy'n annwyl gennym
a'r rhai sydd ymhell oddi cartref,
a dyro inni oll y Nadolig hwn
ddedwyddwch a llawenydd dy bresenoldeb;
trwy Iesu Grist ein Harglwydd.

Amen

(Pryderi Llwyd Jones o safle gwe Capel y Morfa, Aberystwyth.)

BOB GELDOF
('Do they know it's Christmas time at all?')

Fe ddaeth â'r Nadolig i'r plant.

Yn syml
ddiflewyn-ar-dafod
fe'i cynigiodd ei hun
a phigo cydwybod falch
gwleidyddion yr esgusion gwên.

Syrffedodd ar Ethiopia
meddai rhai;
efallai iddo syrffedu
ar ddifrawder rhai fel ni.
Y clown tafodrydd,
ynddo y mae'r Crist,
a gadawodd ei bres poced
ar ei ôl yn Ethiopia.

Blinodd meddan nhw,
a'r cyfan a wnawn ni
yw sôn am yrfa roc
a wywodd,
heb weld ei Gariad.

Ond fe ddaeth â'r Nadolig i'r plant.

YMLADD YM METHLEHEM

Nid y bugeiliaid wrth eu meysydd
yn dilyn seren
at frenin heddwch heddiw,
ond bomiau a thanciau
yn gwarchod cyrion Bethlehem.

Teuluoedd heb ddim
yn gaeth yn eu cartrefi nid ar daith,
dan warchae rhag cael eu saethu
ar y strydoedd.

A Christ
yr hen deithiwr
ar hyd y meysydd hyn
yno yn amlwg yn ei breseb drachefn,
gan fod hwn eto
yn ddydd pan nad oes lle yn y llety,
a gwarchae ar y gwir.

GWEDDI DROS GAMDDEFNYDD O BŴER

Dydy'r holl ddrwg yna, yr holl ddrwg a wneir i'n cyd-ddyn yn enw pŵer yr hunan, yn ddim, os daliwn ati i wneud pethau er lles pobl eraill, ac i ddefnyddio Cariad Duw i weithredu daioni yn y byd. Mae pob rhaeadr o gasineb yn disgyn yn ddi-rym yn y diwedd, a'r person sydd heb gyflawni unrhyw drais yn codi fel ffenics i'r awyr, a Duw yn gwylio ei ehediad yn ei Enw Ef. Mae'r Gwir yn drech nag unrhyw anwiredd.

Cofiwn am holl rymusterau teyrnas Herod, ac yna daeth Baban i herio pob sail a edrychai mor gadarn. Diolch am dy dawelwch Di, O Dduw, ar ofnau tywyll y nos, yr ofnau sydd ynom fod duwch drygioni a phŵer am sathru ein hymgais gain i dy ddangos Di i'r byd. Diolch am dy heddwch a'th gadarnhad sy'n dweud wrthym na fydd hynny'n digwydd. Diolch am dawelu holl rymusterau'r nos. Dysg i ni am y rhyddid i fedru osgoi bychander gwleidyddiaeth, ymgecru, cenfigen a chasineb pobl eraill, ac i osgoi unrhyw egni negyddol.

Diolchwn am heddwch ac encil y funud hon.

Amen

Y BONT

Ar oriel fawr yr wybren
  Fe welais waith yr Iôr,
Yn rhwymo haul a chawod
  Yn bont rhwng tir a môr,
Ac ambell dro mewn atgof hir
Caf ffurf o'r bont mewn lliwiau clir.

Ym mro'r Nadolig cyntaf
  Ar faith wybrennog nos,
Caed gwawl, ac engyl nefol
  A'u mawl uwch maes a rhos,
A rhwymodd Duw ym Methl'em dref
Ei ddwyfol bont rhwng daer a nef.

Arthur Evans

GWEDDI WEDI'R NADOLIG

Pan yw cân yr angylion ar ben,
pan yw'r seren wedi cilio o'r nen,
pan yw'r brenhinoedd a'r tywysogion
wedi mynd adref,
pan yw'r bugeiliaid yn ôl efo'u defaid,
mae gwaith y Nadolig yn dechrau:
i ddod o hyd i'r coll,
i fendio'r rhai a dorrwyd,
i fwydo'r newynog,
i ryddhau'r carcharorion
i ailadeiladu cenhedloedd,
i bontio heddwch rhwng pobloedd,
a rhoi cân yn y galon.

Amen
(Addasiad o weddi Howard Thurman)

BLWYDDYN NEWYDD

CADW'R SYNIAD OHONOT TI

Dw i wedi cadw atat Ti,
at y syniad cynnes annwyl hwn
yn fy nghalon i,
wedi cadw ato
yn y cyfnod hwn o dy ddiberfeddu Di
a dadbarselu dy holl gyfrinach.

Wedi dy feithrin
a chyd-fyw drwy'r gaeafau
gan obeithio ar y diwedd
y caiff cynhesrwydd dy Ras ymagor ynof
eto eleni
fel petalau blodau'n croesawu'r byd.

GWEDDI CALAN

O Dduw, ein Tad, ar ddechrau'r flwyddyn newydd hon, edrych arnom yn dy gariad. Deuwn atat mewn gweddi gyda'n gobeithion a'n haddunedau, ond deuwn hefyd gyda'n hofnau a'n hamheuon, yn ymwybodol o'n gwendidau ac o'n hangen am dy gymorth a'th arweiniad di.

Edrych arnom wrth inni wneud ein gwaith, a chynnal ein teuluoedd; wrth inni droi ymhlith ein ffrindiau, a mwynhau ein hamdden; mewn llwyddiant ac aflwyddiant, mewn llawenydd a thristwch.

Edrych ar dy eglwys wrth iddi garu, gofalu a gwasanaethu, ac wrth iddi ddysgu addoli a chwilio am ffyrdd mwy effeithiol o rannu'r newyddion da. Edrych ar ein byd yn ei amrywiaeth cyfoethog a'i raniadau trist, yn ei gyfoeth a'i dlodi, yn ei ryfeddod a'i derfysg. Rho inni dy bresenoldeb a'th dangnefedd a chadw ni yn ddiogel yn dy gariad.

Amen

(O Shalôm, Cylchgrawn Capel y Groes, Wrecsam)

O GANOL DRYSWCH

O ganol dryswch f'amheuaeth
a dryswch fy nghelfyddyd
fe drof atat Ti yn anorfod
fel y nodwydd at y pegwn
y trof . . . fel mae'r 'mennydd oer at yr enaid
yn troi yn ei ansicrwydd;

felly y trof ac y dyheaf amdanat ti
felly y dyheaf, a throi at y cariad
sy'n llosgi drwy'r dryswch lwybr y gwir,
ac sy'n goleuo fy ffordd.

(Addasiad o *Out of the Chaos of My Doubt*, Mervyn Peake.)

GWEDDI'R SYLFAENOL BETHAU

Dysg i ni gyffwrdd â'r sylfaenol waelodol bethau yn ein byw - wrth fynd yn ôl at y don sy'n taro'r graig, at y glaw yn ddagrau hyd ein hwynebau, cyn troi at y siopau'n ôl, cyn poeni am y mynydd o waith. Syllwn ar y defaid yn hongian ar y llethrau draw, fel addurn ar gacen pen-blwydd, a gwelwn y tonnau'n chwipio'r ogofâu, ac awn yn ôl at y gwynt sy'n gyllell heddiw ond yn sobri 'run pryd.

Cymerwn amser i syllu ar siapiau dau gerddwr draw ar y bryn, fel yr arferem syllu erstalwm, ac anadlwn yr awyr adfywiol. Syllwn ar yr heli gwyn yn chwythu am yn ôl ar y tonnau. Cysurwn y bydd hwn run fath pan alwn eto, a gwrandawn ar y pethau sy'n dweud - digon ar y byd, sylla ar hyn. Ac wedi dangos ei ryferthwy, dilyna'r tawelwch hwnnw ennyd, sy'n dweud wrthym mai dyma beth yw byw, cyn cael ein rhyddhau i wynebu'r byd drachefn.

Amen

FFYDD FEL SEREN

Mae'n Ffydd fel seren. Mae'n oleuni mwyn, yn llai o oleuni ar brydiau pan ddaw cymylau i'w guddio, a ddim yn wastad mor llachar ag y dymuna'r teithiwr. Dydy o ddim cystal â'r haul, ond mae'n ddigon o ddydd i ddydd i ganiatáu i ni weld efallai un cam ymlaen. Mae golau Ffydd yn olau bychan, ond yn olau pwysig iawn.

Mae gweledigaeth fel yr haul. Gall undim guddio rhag haul canol dydd, mae popeth yn cael ei ddatguddio. Dyna fel bydd hi pan welwn Dduw wyneb yn wyneb yn llawnder gweledigaeth. Ond ar hyn o bryd mae gennym Ffydd, ac mae gweledigaeth yn rhywbeth ar gyfer y dyfodol, ac yn rhywbeth yr edrychwn ymlaen ato â disgwyliad llawen.

Felly ar ein taith drwy fywyd, mae gennym arweiniad y seren, ac fe chwiliwn am Dduw, ac ewyllys Duw, ynghanol pethau cyffredin bob dydd, mewn digwyddiadau a phersonau ac mewn llawer peth. Medrwn weld â'n llygaid dynol yn unig, ac felly rhaid i ni adael i'r golau bach hwnnw sef Ffydd, ein harwain ni at Dduw sydd, mewn rhyw fodd bendigedig, oddi mewn i bopeth. Os yr edrychwn amdano bob dydd yn ein sefyllfa bresennol yn y bywyd hwn, yna byddwn yn sicr yn dod o hyd iddo.

A thrwy'r cyfan mae ein llygaid yn cael eu hyfforddi ar gyfer ei weld o yn llawnder goleuni Gweledigaeth. Dyna obaith pawb yn y pen draw.

(Addasiad o waith Basil Hume)

GWEDDI BLWYDDYN NEWYDD

Diolchwn i Ti am flwyddyn newydd sbon i ni ei mwynhau -
cyfnod arall yn ein bywydau yn ymestyn fel eira gwyn heb ôl
troed yn dangos eto. Diolch i Ti am dy gwmni hyd yma yn ein
bywydau, a gad i ni ymddiried yn llwyr yn dy Gariad a'th
ddaioni ar gyfer y flwyddyn sydd o'n blaenau. Buom yn dathlu
gŵyl Emaniwel, Duw gyda ni, a Duw yn faban bach; boed i
heddwch yr ŵyl aros gyda ni wrth i ni gofio am ei eni i'n
bywydau.

Yn ystod y flwyddyn newydd daw llawer cyfle a dewis.
Boed i ni ddewis yn ddoeth gan fod yn driw i ni ein hunain ac i
Ti, gan weithredu yn ein ffyrdd unigryw ni ein hunain i
hyrwyddo dy Deyrnas. Diolch am amrywiaeth y dystiolaeth i Ti
yn ein byd. Cadw'r dylanwadau drwg draw eleni – ffalster,
cenfigen, a rhagrith sy'n bwyta pobl yn fyw ac yn
hunanddinistriol.

Dduw, cyffyrdda â'n bywydau ni oll â'th Ysbryd Glân gan droi
ein tir diffaith ninnau yn ardd i Ti. Gad i ni wynebu'r flwyddyn
newydd mewn gobaith a ffydd, a gwna ni bob un yn ein ffordd
ein hunain yn gyfryngau dy dangnefedd Di – mewn capeli ac
eglwysi, ond hefyd ar balmant y dref ac ar y dibyn, lle mae
bywyd yn torri i'r garw ar hyn o bryd. Boed i ni fod fel eli yn
lleddfu loes i eraill.

Blwyddyn Newydd Dda,

Amen

GWEDDI BLAENORIAETHAU

Diolch am dy lecynnau tawel lle y medraf weld beth sydd yn bwysig. Diolch am gael dod yma atat i synhwyro'r hyn sy'n datblygu ac yn iawn yn fy mywyd i – i synhwyro'r pethau rwyt Ti am i mi ganolbwyntio arnynt.

Diolch am ysgrifennu sy'n dwyn bywyd i mi ac yn fy ngwneud i yn greadigol er dy fwyn. Diolch drwyddo fy mod i'n medru tystio i'r llafn golau sy'n dod o bron bob sefyllfa mewn bywyd. Diolch am y grym hwn sy'n gweithio drwof, ac yn rhoi i mi frwdfrydedd.

Dysga i mi beth sy'n fyrhoedlog mewn cymhariaeth, a beth sydd yn ansicr ac anghyson. Ynghanol holl dargedau'r oes, diolch am ein cyfeirio at dargedau bach ein calonnau ninnau. Diolch am y sylweddoliad i ganolbwyntio fwyfwy ar y pethau creadigol y medraf eu cyfrannu, a hefyd ar y pethau nad ydynt yn newid, ar y Graig a gynigwyd i mi ac i bob un ohonom. Diolch i ti am yr ysbrydoliaeth a dardd o'r Graig hon.

Amen

CROES GOCH ACTON

Pan nad oes neb gartre',
pan mae hi'n nos arnom
a rhaid gadael nodyn;
pan nad oes 'run porthladd
am dderbyn ein cargo,
pob lamp disgwyliad wedi ei diffodd,
mae syllu ar y Groes Goch
uwch Acton
yn tawelu
ac yn herio'r fron.

Pan fo cysgodion i fyny grisiau
yn cuddio,
a neb ar ben arall y ffôn
dim ond peiriant ateb,
gall gobaith gyffroi
fel y Groes goch uwch Acton,
sydd yn dal i dywynnu
yn nos ein heno,
a'i phatrwm yn glir,
yn disgleirio'r glaw
yn galeidosgôp cain
a anghofiwyd gennym
ennyd.

GWEDDI'R LLACIO GAFAEL

Annwyl Dduw, dysga i ni'r adegau pan rydym i fod i ollwng gafael ar rai pethau yn ein bywydau, ac anghofio'r gafael a fu ganddynt ar ein profiadau.

Pan wyt yn dangos i ni fod hen deyrngarwch mewn gwirionedd yn golygu dim. Mor aml mae rhywun yn dderbyniol i eraill pan ydym yng ngwres y sefyllfa, ond mewn gwirionedd rydym yn golygu dim iddynt.

Dysga i ni ddoethineb peidio â phryderu bob amser am bethau sydd wedi mynd heibio, ond yn hytrach bwysigrwydd wynebu llwybr newydd y dyfodol heb yr hen drugareddau trwm i gyd, heb hen ddisgwyliadau, heb we hen genfigen, ond yn hytrach ryddid gorwel newydd.

Cymer ein hen drugareddau i gyd – ein hen gelfi oll a'u gollwng gan mai'r rhain sy'n ein gwneud yn ddiffrwyth a digalon, yn peri nad ydym yn hedfan. Gollwng hwy ac ymdawelwn ninnau i dderbyn peidio doethineb "mynd adre ar hyd ffordd arall".

Amen

GWEDDI'R NIWL

Gweddïwn am yr adegau o wagle ym mywydau bob un ohonom, am yr adegau pontio, yr adegau o ddygymod â sefyllfaoedd newydd, am lonydd newydd drwy'r niwl. Am bob cyfnod o gymryd stoc, am dawelwch a llonyddwch i fedru tiwnio i'r pethau sy'n wirionedol bwysig yn ein bywydau. Yn ystod yr adegau hyn dysgwn am ein terfynau, pan yr ydym yn adnabod ein hunain a'n cymhellion yn rhy dda.

Diolch am y cyfnod hwn o ddidoli a blaenoriaethu a pharatoi, ac am roi blas ar fyw i dy blant wrth iddynt greu ffocws newydd bywiol. Diolch dy fod yn ein dysgu fwyfwy sut i ddefnyddio yr hyn sydd gennym ni, yn hytrach na'r hyn nad yw yn ein meddiant. Diolch am ddefnyddio ein cryfderau yn hytrach na'n gwendidau bob amser.

Dysg i mi gofio mai Ti yw y grym sydd yn fy mywhau i bob amser, ac yn f'adnewyddu a'm nerthu i wneud y pethau rwyt ti am i mi eu gwneud.

Amen

ENCIL

Mae gennyf encil nas gŵyr y byd amdano,
man i ddiosg cadwynau'r byd
a chyfarth di-baid ei gŵn anwes,
lloches rhag y cais olaf am dalu bil,
a chyfnodau meithion o brysur bwyso dim.

Yno mae'r dirwedd yn ddigyfnewid,
yn unwynebog,
a llyn tawel o lonyddwch
yn ymestyn yn ei grud
yn falm i'r ysbryd llesg.

Ohono rhed afon fel arian byw
i glymu'r cwm mewn ymateb,
a gylch ei dyfroedd grisial
amwysedd tref y ffin o'm pen.
Erys amlinell greigiog y cwm,
ei huchder a'i dyfnder
mor gadarn heddiw ag erioed.

Oes, mae gennyf encil,
ac ymhlith olion fy ngwreiddiau innau
daw Tangnefedd i'm rhan
yng Nghwm Bychan.

GWEDDI YSTWYLL

Arglwydd Goleuni, fe gofiwn heddiw daith y doethion,
fel yr ysbrydolwyd hwy gan y seren i ddechrau ar daith
at grud brenin newydd-anedig.
Dieithriaid yn eu cyfnod y tybiwyd nad oedd â rhan yn dy
addewidion
Diolchwn am y gwirionedd y mae hyn yn ei grynhoi-
nad oes unrhyw un y tu allan i dy Gariad,
bod neges yr Efengyl yn croesi pob ffin,
a dy ddyhead i ddod â goleuni i bob cwr o'r ddaear.

Arglwydd Byw,
fe weddïwn heddiw dros bawb sydd ar daith ac yn dy geisio,
pawb sy'n edrych am bwrpas i'w bywydau,
pawb sy'n ceisio dyfnhau yn eu ffydd,
a boed i bawb dy ganfod Di eu hunain.
Boed i oleuni lewyrchu yn y tywyllwch.

Amen

GWEDDI'R EIRA

Diolch i Ti Dduw am dy eira purwyn. Yr eira hwnnw sy'n disgyn yn dawel yn y nos, gan ddod â'i ryfeddod gydag o i blant y llawr. Try pawb yn blant drachefn yn dy fyd gwyn Di.

Yn y gwynder cawn ail gynnig, cawn ddechrau newydd pur a glân. Pâr i'n pechodau a'n hofnau du gilio yn wyneb y gwynder newydd y tu allan i'r ffenestr.

O adlewyrchu'r gwynder mae lliwiau eraill yn edrych yn fwy lliwgar a threiddgar hefyd. O gael dy burdeb o'n mewn yn ein harwain, bydd lliwiau eraill ein bywyd gymaint yn fwy dengar. Lliwiau all ddenu eraill at dy oleuni llachar Di.

Diolch wedi'r eira gwyn am y meirioli mawr, a'r addewid am well dyddiau i ddod. Boed i bawb ohonom deimlo'r meirioli mawr yng nghalonnau dynion drosom ni ein hunain.

Amen

RYDYM UN CORFF
(Wythnos Undod Cristnogol Ionawr)

Rydym un corff
Un corff yng Nghrist.
Nid ynysoedd mohonom mwy.
Rydym un corff
Un Corff yng Nghrist,
cymodwyd ni yn un.

Pan yr yfwn er coffa
dy win chwerw Di
ailgyhoeddwn bob tro
ein ffyddlondeb ni;
Tros y plant i'w geni
codwn lef
Brodyr a chwiorydd
y Trydydd Byd.

Rydym un corff
Un corff yng Nghrist.
Nid ynysoedd mohonom mwy.
Rydym un corff
Un Corff yng Nghrist,
cymodwyd ni yn un.

Myfi yw'r Ffordd
a'r llewyrch gwiw,
os credi ynof i
fe gei dragwyddol fyw.

GWEDDI TAWELU'R STORM

Arglwydd tynerwch, tyrd atom yn ein breguster, ein hansicrwydd, a thawela ein gofidiau. Adfer ansawdd i'n bywydau fel bo bywyd yn cael ei fyw yn ei gyflawnder, ac nid ei oddef yn unig. Cawsom gyfrinach bywyd ynot Ti. Boed i hyn ledu drwy'n holl ymwneud. Ti yw ein hangor. Grist yn ein gwendid dangos dy gryfder, yn ein hofnau dangos dy oruchafiaeth, fel y byddom yn bobl i Ti yn ein gwaith a'n hamdden, yn ein cymdeithas a'n hencil. Diolchwn ein bod yn cael y cyfle i fod yn blant i Ti, a diolchwn ar ôl croes bod yna drydydd dydd, ac ailorseddu dy gyfiawnder Di.

Dysg ni i ganfod y canol llonydd rwyt Ti yn ei gynnig ynghanol stormydd oes. Gostega'r stormydd mewnol oddi mewn i bob un ohonom. Diolch am adeiladau a mannau lle medrwn ymdawelu, a diolch am y bobl arbennig sy'n dawelwyr stormydd bywyd.

Diolch Dduw am gynnig i ni heddwch a thangnefedd ynghanol y storm, pan gyrhaeddwn ganol y corwynt efo Ti – y ffydd sydd y tu hwnt i amheuon, y sylweddoliad a'r ddealltwriaeth fewnol sydd y tu hwnt i farn pobl amdanom. Tydi yw'r tawelwr stormydd sy'n sicrhau ein bod wedi ein caru cyn ac wedi pob storm posibl, ac yn y tawelwch hwnnw medrwn wir orffwyso ynot Ti.

Amen

GWEDDI'R TIR LLWYD

Arglwydd, wyneba'r hyn ydym oll yn ei wendid a'i ansicrwydd,
yn ei gymhlethdod, yn ei dir llwyd, a gwna ni'n ddisgyblion
disglair i dy waith, yn sicr o dy nod Di o Gariad.

Helpa i ni roi o'r neilltu ein hofnau, ein diffyg hyder, ac i
rodio'n wylaidd gyda thi. Rho gydbwysedd yn ein bywyd, fel
bod ein cenhadaeth yn eangfrydig, yn gynhwysol, a chynnes ei
naws.

Diolch am y bobl gwbl arbennig sy'n gwneud bywyd yn
werth ei fyw, a phan ydym yn drist ac mewn cysgod yn y tir
llwyd, cofiwn nad oes gysgodion heb fodolaeth goleuni.
Cyrchwn at y goleuni sy'n adnewyddu bywyd a throi ein llwyd
yn lliwiau amrywiol y gellir eu defnyddio gennyt Ti.

Amen

Amrywiol / Gweddïau a darnau sy'n addas ar gyfer pob tymor.

GWEDDI ADNEWYDDIAD

Diolch am liwiau bywyd – mewn hindda ac yn lliwiau eglur yr haul wedi'r gawod. Diolch Dduw am ein hadnewyddu yn wastadol i wneud dy waith. Rwyt wastad yn rhoi digon i ni i barhau efo'n breuddwydion o dan dy ofal Di. Diolch am ein hysbrydoli a chadw'r gerddoriaeth i ganu yn ein bywydau ni bob un, gan docio'r hyn sydd yn ddiffrwyth a chanolbwyntio ar y canghennau sy'n dwyn ffrwyth.

Dduw, diolch dy fod Ti yn Dduw sydd yn codi'r cwmwl, yn datguddio'r haul y tu hwnt i'r cwmwl. Diolch i ti am yr anwyldeb rwyt Ti yn gofalu amdanom gydag o. Diolch Dduw mai Ti sy'n pennu'r blaenoriaethau, ac mai ti sy'n adfer cydbwysedd a dod â sadrwydd meddwl yn ôl ym mhob sefyllfa. Wedi gorweithio neu orbryderu, diolch am dy ddŵr bywiol Di sy'n dangos i ni ongl arall ar bethau, ac yn rhoi persbectif addas i ni lle gynt y buom yn ymgolli mewn pryder. Sylweddolwn nad yw ein hofnau yn ddilys ac atgyfnerthwn ynot Ti.

Diolch i Ti am amser i roi ein bywydau mewn persbectif, i bellau o ambell sefyllfa er mwyn gweld yn union beth ydyw, ac i ddychwelyd drachefn â gweledigaeth newydd, a medru bwrw'r maen i'r wal. Yn yr egwyl hon dysgwn barchu fwyfwy unrhyw ddoniau a gawsom yn rhodd gennyt Ti, a dal ati i'w datblygu, er clod i Ti. Da yw Duw, ac mae'n adnewyddu ei bobl i fedru dychwelyd drachefn at eu doniau.

Diolch am adfer ein tawelwch meddwl a'n syniad pendant o'r cyfeiriad sy'n rhaid mynd iddo, a'r pethau newydd sy'n rhaid eu gwneud. Mae'r sêr yn eu holau eto.

Amen

GWEDDI AGNES, Y FAM THERESA

Annwyl Dduw, y mendiwr mawr, plygaf ger dy fron, gan fod pob rhodd berffaith yn dod gennyt Ti.
Gweddïaf: Rho ddawn i'm dwylo, gweledigaeth glir i'm meddwl, caredigrwydd a gostyngeiddrwydd yn fy nghalon.
Dyro i mi lwybr â nod arbennig, nerth i godi rhan o'r baich sy'n drwm i rai o'm cyd-ddyn, a gwir sylweddoliad o'r fraint sydd gen i.
Cadwa o 'nghalon bob dichell a bydolrwydd, fel y medraf gyda ffydd syml plentyn, ddibynnu arnat Ti.

Amen

(Addaswyd o'r llyfr Y Llwybr Syml / The Simple Path)

GWEDDI'R AIL DDYNEIDDIO

Ailddyneiddia ni Dduw yn ein byd amhersonol o dablau a chanlyniadau, o fesur a phwyso pob symudiad, o gyrraedd targedau. Meddala'r holl bwysedd hwn.

Ailddyneiddia ein harweinwyr i fod yn bobl gyntaf, ac yna'n bwysig a blaenllaw. Tyrd â ni i lawr o bedystlau'r byd i ddangos mai ein cryfder pennaf yw ein gostyngeiddrwydd. Ailddyneiddia ni Dduw. Gwna ni'n agosach fel pobl i fedru cyflawni pethau bach gyda chariad mawr.

Diolch Dduw dy fod Ti'n ymateb a gweithredu drwy dy bobl. Diolch fod geiriau a meddyliau dy bobl yn medru bod mor gelfydd ac yn medru goleuo'r ffordd i ni. Gwir y dywedir mai cyfaill sy'n cerdded i mewn pan fo pawb arall yn cerdded allan. Dysg ni i fod yn well ffrindiau i'n gilydd – i ddeall â gofal gymhlethdodau dyrys meddwl person, a medru rhyddhau ein teimladau. Diolch am bob ymgais i wneud y daith yn haws yn ystod ein hoes fer.

Amen

GWEDDI AMGEN

Diolchwn am y gwyddonwyr craff sy'n ceisio deall y byd a'r greadigaeth yn well. Diolch am y canolfannau fel Canolfan y Dechnoleg Amgen ger Machynlleth sy'n ceisio dulliau gwahanol, sylfaenol a naturiol o fyw, heb frifo na difetha patrwm bregus Natur, ond yn hytrach trwy weithio hefo fo.

Gwelwn yno enghreifftiau o greu ynni o'r gwynt a'r dŵr, trwy ailbrosesu gwastraff, a thrwy harneisio gwres yr haul mewn paneli solar. Cadwa ni rhag bod yn farus efo rhoddion dy fyd, a boed i ni feithrin agwedd gyfrifol at dy gread.

Amen

GWEDDI'R AMRYWIAETH

Diolch o Arglwydd am wrthgyferbyniadau bywyd – am ddyddiau yn llawn cwmni a dathlu a sgwrsio, ond hefyd am ddyddiau o encil ac o dawelu ac o deimlo agosrwydd atat Ti, a chanfod o'r newydd dy fwriad a'th bwrpas Di ar ein cyfer.

Dyddiau'r ddawns a dyddiau'r clwysty, dyddiau'r parti a dyddiau'r seintwar, dyddiau'r gân a dyddiau'r tawelwch di-eiriau. Dyddiau ymarllwys, a dyddiau'r aildiwnio. Diolch am amrywiaeth ein dyddiau gyda Thi.

Amen

AR GERDYN CYFARCH

Sut wyt ti? Roedd yn rhaid i mi yrru nodyn i adael i ti wybod cymaint yr ydw i'n malio amdanat.

Fe welais i ti ddoe pan oeddet ti'n siarad efo dy ffrindiau. Mi arhosais i drwy'r dydd gan obeithio y buaset ti eisiau siarad efo mi hefyd. Mi rois i fachlud haul i gloi'r dydd ac awel fwyn i'th gysuro – ac fe arhosais. Ddois ti ddim. Roeddwn wedi fy mrifo, ond dw i dal yn dy garu di achos mod i'n ffrind i ti.

Mi welais i ti'n cysgu neithiwr, ac ysais i gyffwrdd â dy dalcen felly tywalltais olau'r lleuad ar dy wyneb. Eto arhosais, gan fod eisiau prysuro i lawr er mwyn i ni gael siarad. Mae gen i gymaint o anrhegion i ti! Mi ddeffraist ti a phrysuro i weithio. Roedd fy nagrau yn y glaw.

O na fuaset ti'n gwrando arna i! Dwi'n dy garu di. Dwi'n trio deud wrthot ti mewn awyr las ac mewn glaswellt gwyrdd tawel. Dwi'n ei sibrwd o yn y dail ar y coed, ac anadlu fy nghariad yn lliwiau'r blodau, yn ei weiddi o i ti mewn nentydd ar y mynyddoedd ac yn rhoi caneuon caru i'r adar ganu. Dwi'n dy ddilladu di efo heulwen braf, ac yn persawru'r awyr efo arogleuon natur.

Mae fy nghariad tuag atat yn ddyfnach na'r cefnfor, ac yn fwy na'r angen mwyaf yn y dy galon.

Gofynna i mi! Siarada efo mi! Os gweli di'n dda paid â'm hanghofio i. Mae gen i gymaint i rannu efo ti.

Wna i ddim dy drafferthu di ddim pellach. Dy ddewis DI ydy o. Dw i wedi dy ddewis di a dwi'n dal i aros – achos mod i'n dy garu di.

Dy ffrind,
Iesu.

GWEDDI'R ARGLWYDD

Patrwm neu sail i weddi a roddwyd i ni gan Grist yw Gweddi'r Arglwydd, ond er gwaethaf y patrwm mae pawb yn medru mynegi ei hun oddi mewn i'w chymalau yn eu ffordd eu hunain. Mae'r ffaith bod fersiynau gwahanol ar gael yn dangos i ni mai'r hyn a roddodd Iesu i'w ddisgyblion oedd fframwaith gweddi, nid gweddi i'w hail-adrodd yn brennaidd. Mae'n apelio at bob oed, a phob amgylchiad mewn bywyd. Pob gwlad a hil a chenedl. Mae'n batrwm unigol a lluosog yr un pryd i'r uchel a'r isel, y cyfoethog a'r tlawd. Mae'r weddi yn ein cyfannu a'n lefelu ni'r un adeg.

Mae'r weddi yn rhoi i ni ffiniau ein perthynas â Duw, ond hefyd ein perthynas â'n cyd-ddyn. Mae'r gair 'Ein' yn chwalu unrhyw hawliau ecscliwsif sydd gan ein crebwyll bychan ni ar Dduw. Mae'r geiriau hefyd yn canoli'r meddyliau a'r dychymyg yn ddisgwylgar ar Dduw. Mae'r fframwaith yng ngweddi'r Arglwydd maes o law yn fframwaith i weddi yn gyffredinol – addoli, eiriol, a deisyfu.

Bob tro rydan ni'n gweddïo Ein Tad gallwn wybod i sicrwydd fod Duw byth yn colli unrhyw un yn y dorf. Os nad oes unrhyw un arall yn malio amdanom, mae Duw yn malio; os nad oes unrhyw un arall yn gofalu amdanom, mae Duw yn gofalu.

(Addasiad o eiriau William Barclay)

AR Y LEIN

Roeddwn wedi rhannu baich nos Sul efo ffrindiau,
y dadrith wedi troi'n chwerthin dro,
wedi galw yn nhŷ'r Gweinidog,
a neb gartre heno.

Pan gyrhaeddais adre
pwysai'r baich arnaf drachefn,
baich y sylweddoliad ynglŷn â rhai pobl,
a'r siom yn bygwth llethu.

Doedd cyfeillion y ffôn ddim yn ateb,
siaradais i ddim ar ôl tôn eu peiriannau,
ar adeg pan nad yw dy gyfaill gorau adre,
fe ddisgyn y derbynnydd fel dadrith.

Yna dewisais siarad efo'r Un
sydd wastad yno ar ben arall y lein,
a chywilyddiais nad oeddwn wedi
gwneud cysylltiad ers tro.

GWEDDI DROS Y BOBL GALED

O Dduw, bydd gyda'r bobl galed yn ein bywyd a'n gweithleoedd - y rhai hynny sy'n ei chael hi'n anodd cynnig gwên neu i gyfarch, neu sy'n rhoi pwysau afresymol ar bobl eraill. Wrth iddynt baratoi ar gyfer eu dydd, dysg hwy am gadernid dy fwynder Di.

Bydd gyda'r bobl ddigydwybod a diegwyddor yn y gymdeithas, a boed i'th Ysbryd grymus ddeffro eu hawydd i weithio dros yr hyn sydd yn iawn a theg.

Arglwydd bydd gyda'r bobl sydd yn fwriadol gynllunio heddiw i danseilio a chasáu eraill, a dangosa iddynt fod mwy na'r tristwch hwn. Hwy sy'n credu eu bod yn arglwyddi ar bob amgylchiad, ac y gallant ystumio pob sefyllfa o'u plaid. Bydd yn arbennig o agos at y rhai a fydd yn dioddef yn sgil eu gweithredoedd.

Bydd gyda'r bobl galed – y dynion a'r gwragedd caled heddiw, a dysga iddynt fod addfwynder a gwyleidd-dra a chydnabod talentau eraill yn llawen yn eu hiacháu. Helpa di hwy hefyd i ganfod a sylweddoli eu talentau hwy eu hunain, ac i deimlo'n fwy bodlon yn eu hansicrwydd mawr. Dangosa iddynt y mwynder y maent yn dyheu amdano, fel dŵr mewn anialwch. Esgora ar ddeigryn o edifeirwch i feddalu'u caledwch.

Dangosa iddynt nad oes yn rhaid iddynt fod yn galed i gael eu caru gennyt Ti, am dy fod tithau yn ein caru fel yr ydym – yn gweld bob hollt yn y masg, a'r nam ar y ddelwedd, ac yn cyrraedd at y person sydd y tu hwnt i'r mur a adeiladwyd o'u hamgylch.

Er mwyn Dy Enw,

Amen

GWEDDI'R 'BOBL IAWN'

Maddau i ni Iesu am ein sioe o grefydd. Dysg i ni drin pobl yn iawn, yn hytrach na thrin y bobl 'iawn' er ein budd ein hunain. Maddau i ni am fod mor fychan a chredu fod yn rhaid i ni ddylanwadu ar rywrai – ar y bobl 'iawn' i hybu ein hunain.

Helpa i ni weld pwy yw gwir halen y ddaear ein bywydau, y rhai sydd â'r gwir Oleuni yn eu meddiant ac nid y rhai sy'n gosod sbotleit arnyn nhw eu hunain drwy'r amser. Maddau i ni pan ydym yn bobl wan – a gafael pobl eraill drosom ni. Maddau i ni am ddefnyddio pobl eraill er budd ein helw personol.

Boed i ni fedru gwahaniaethu rhwng y gwir a'r gau. Dysg ni o Arglwydd y pethau sydd eu hangen arnom i gael bywyd hapus. Gwna i ni sylweddoli yn aml mai yn y bywyd syml y ceir hynny, ac yn y sefyllfaoedd sydd o'n cwmpas ac yn ein cynnal yn barod. Bodlonrwydd yn aml iawn yw bod yn hapus efo'r hyn sydd gennym, a dysg ni fwyfwy fod gennym lawer iawn eisoes yn ein bywydau.

Helpa i ni weld gafael yr Un sy'n werth ei gael ar ein bywydau.

Amen

GWEDDI'R BORE

Annwyl Iesu, rydym mor ffodus i gael bore arall yn dy gwmni i weld goleuni a heulwen, diwrnod arall a'i haddewid yn ymagor o'n blaenau â'i chyfle a'i her. Rydym yn diolch i ti am ein dyddiau. Pâr ein bod yn medru eu gwerthfawrogi, a chyfrannu heddiw wrth fod yn rhan unwaith eto o dy fyd rhyfeddol Di. Diolch am y cyfle.

Diolch am beri ein bod yn mwynhau codi yn y bore, ac am ein harwain ni at yr hyn sy'n tanio'n clai marwol. Diolch am dy Ysbryd Creadigol Di sydd yno i bawb diwnio'i mewn iddo. Dduw, paid â'm gadael fel carreg heb Gariad, neu fel sbwng sych heb ddiferyn o'r ynni bywiol hwn oddi mewn i mi. Yn hytrach, gad i mi ddefnyddio'r grym yn gymorth i eraill gan gyflwyno neges o gannwyll fy meddalrwydd.

Helpa fi bob dydd i fod yn llawn brwdfrydedd a diddordeb er dy fwyn, a phâr i ni gyd fedru dilyn ein llwybrau – y llwybrau sy'n wybyddus i ni wrth esgyn mynyddoedd bywyd.

Amen

GWEDDI'R BORE ANODD

Cofiwn am bawb sy'n methu â ffitio i batrwm disgwyliedig y byd. Y rhai sydd wedi arafu ar ochr y ffordd yn ein bywyd chwim ar draffyrdd y dydd. Y rhai sy'n canfod y bore yn galed, a'u caredigion ar chwâl, eu hyder yn chwilfriw mân, rhai yn deffro i ofn a gormes rhyfel.

Cofiwn am y rhai sy'n adrodd eu chwedlau i'w ffonau symudol, heb neb yn eu hateb nac yn eu ffonio. Meddyliwn am bawb sy'n codi llaw ar bobl nad ydynt yn eu hadnabod, sy'n adeiladu crystyn caled o amgylch eu personoliaethau briw. I bawb sydd â thristwch mewn llygaid lluddedig. I bawb sydd â chwerwedd a chenfigen yn eu gwedd.

Cofiwn am rai sydd am i'r dydd newydd hwn fod yn brafiach, sydd am i'r darlun fod yn eglurach, ond sy'n canfod y daith mor gymhleth ar hyn o bryd. I bob un ohonom sydd ar y daith ddyrys hon a elwir bywyd, helpa i ni gael dy gwmni Di i'n hysbrydoli i weld posibiliadau newydd i'n taith.

Amen

BYCHANDER
(Noson loer olau, y Bermo)

Syllu a syllu heno
ar sgleinio'r bydoedd yn y nen.
Fflachio rhai'n agosach,
ond y cynfas yn ddi-ben-draw.

Y gronyn lleiaf ydym ni a'n hymdrech,
sbec fechan o gynllun Duw.
Ond heb ein golau ninnau,
ni fydd y patrwm yn gyflawn iddo Ef.

BYWYD BRIAN

(yn dilyn cwestiwn gan ddosbarth o ieuenctid
"Pam wyt ti'n methu gwylio Life of Brian?")

Er 'mod i'n hoffi Monty Python fel arfer,
fedra i ddim chwerthin ar Life of Brian.

Achos mod i'n caru Iesu gymaint,
fedra i ddim gweld y gwamalwch
yn y cysylltiad rhwng Brian a Christ.

Achos fod y fath Gariad
yn cael ei ddibrisio a'i daflu ymaith mor rhwydd
â chwerthin coeg, parod,
a dim gennym i'w gynnig yn ei le.

Achos fod y Mwynder Mawr
yn cael ei fasnachu'n rhad
yn nhemlau'r ddaear, mae dicter yn cronni.

Dw i fel arfer yn hoff iawn o Monty Python,
ond nid hwn, bywyd Brian,
am fod y dyndod yn cael ei dynnu oddi ar y Duwdod,
ein bara'n cael ei droi'n ôl yn gerrig brwnt,
a'n gorwelion yn crebachu
wrth fychanu'r Duwdod mawr.

CALCUTTA YM MHOBMAN

Medrwch ddod o hyd i Calcutta drwy'r byd yn grwn os oes gennych lygaid i weld. Mae strydoedd Calcutta yn arwain at ddrws pob un. Mae'r bobl welwch chi ar strydoedd Calcutta yn newynu mewn corff, ond mae gan bobl Llundain neu Efrog Newydd newyn y mae'n rhaid ei fwydo. Mae pawb eisiau cael ei garu.

Rydan ni'n meddwl ein bod ni'n gwneud cymaint dros y tlawd, ond nhw sy'n ein gwneud ni'n gyfoethog. Rydym yn ddyledus iddynt.

Agnes, y Fam Theresa.

CANTIGL O FAWL I'R CYFRYNGAU

Moliannwn Di o Dduw am y gair printiedig,
bara i'n meddyliau a goleuni i'n bywydau.
Rhown ddiolch i'r talentau a'r teyrngarwch a ddangosir
gan bawb sy'n gwasanaethu'r gwirionedd mewn cariad
ac i bawb wrth weinyddu a dangos sgiliau technegol
wrth sicrhau cynhyrchu llyfrau,
papurau newydd a chylchgronau.

Dathlwn , O Arglwydd ryfeddod modern y teledu
sy'n dod at galon ein cartrefi
â mwyniant a gwewyr y bywyd hwn.
Cerddoriaeth, drama a chwerthin
sy'n cael eu rhannu mewn modd na ellid ei ddychmygu
yn y gorffennol.

Moliant i Ti, Arglwydd Dduw
am y radio sy'n esgyn ar adenydd y gwynt
ac sy'n darparu i bob cenedl
gyfrwng uniongyrchol i newyddion, barn ac adloniant.
Mae'n gyfrwng sy'n cynnig i'r byd sy'n gwrando
lais unigryw iawn.

Dathlwn, Arglwydd,
yr ysgrifenwyr, artistiaid a chyfarwyddwyr,
a diolchwn am eu doniau sy'n goleuo byd theatr a sinema
gan ddarparu i gynulleidfaoedd ymwybyddiaeth effro o'r cyflwr
dynol.

Diolchwn i Ti Arglwydd Dduw
am Bentecost diddiwedd dy Ysbryd Glân creadigol
sy'n caniatáu i dy feibion a'th ferched
i gael eu tanio gan dy wirionedd, harddwch a'th ddaioni.
Boed i'r deillion weld, ac i'r byddar glywed,
ac i drueiniaid ymhobman dderbyn y Newyddion Da.
Gorfoleddwn yn y doniau a roddwyd i bob un gan Dduw
ac am rodd creadigrwydd.
(Maniffesto siopau Pauline Multi Media. Ceir cangen yn Bold
Street, Lerpwl.)

GWEDDI'R CAMU'N ÔL

Diolch Dduw am ein dysgu yn dy ffyrdd, ac am ddysgu i ni beth sy'n wirioneddol bwysig mewn bywyd. Rwyt yn ein dysgu ar adegau i gymryd cam yn ôl o sefyllfa, ac oddi wrth rhai pobl wrth lawn sylweddoli'r hyn ydynt.

O gymryd cam yn ôl medrwn ymgryfhau unwaith eto, medrwn weld y sefyllfaoedd hynny nad oes newid arnynt byth. Waeth beth wnawn ni i rai unigolion, wnawn nhw ddim ein parchu ni, a boed i ninnau sylweddoli hynny a dysgu sut i wynebu sefyllfa o'r fath yn gadarnhaol.

Datguddia fwyfwy yn ein bywydau, y gwir a'r gau, a dysg i ni werthfawrogi ein gwir ffrindiau, a dysgu sut i dderbyn y rhai na fydd byth yn ceisio ein helpu a'n cefnogi, yn well. Arglwydd gad i ni weld yn eglur iawn yr hyn wnaiff newid, a'r hyn na wnaiff fyth newid amdanynt hwy a'u byd.

Amen

GWEDDI CANNWYLL CADEIRLAN TOURS

Arglwydd rwyf wedi cynnau cannwyll,
boed iddi fod yn olau gennyt Ti
i oleuo fy ffordd
drwy dreialon a phenderfyniadau.

Boed iddi fod yn dân gennyt Ti
i losgi ymaith fy hunanoldeb,
fy malchder,
a phopeth sydd yn amhur
oddi mewn i mi.

Boed iddi fod yn Fflam gennyt Ti,
i gynhesu fy nghalon
ac i ddysgu Cariad i mi.

Arglwydd fedra i ddim aros yn hir yn dy dŷ.
Mae'r gannwyll hon
yn gyfran fechan ohonof i fy hun
rwy'n ei gynnig i Ti.
Helpa fi i barhau â'm gweddi ym mhopeth
dwi'n ei wneud heddiw.

Amen

CÂN WILLIAM MORGAN
(Wrth ddathlu argraffiadau newydd o'r Beibl)

Daeth Gair ein Duw i'n harwain
    mewn iaith a garaf fi
  Ac erys ei ryfeddod
    o hyd i'm cymell i,
  A dathlu wnawn bob amser
    y gymwynas orau gaed,
  a diolch am y ddisglair ddysg
    a'r sgolor mawr a'i rhoed.

CYTGAN
Daeth geiriau Duw i'n harwain
mewn iaith a garaf fi,
Rhown iddo'r clod a llawenhawn
mae'n Drysor mawr i mi.

Roedd Beibl William Morgan
    yn "rhodd deheulaw Duw",
  yn noddfa i'n cyndeidiau,
    yn ganllaw dynolryw,
  A neges fawr ei Gariad
    o noeth bulpudau'r Llan
  yn esgyn ein golygon
    a chodi'r galon wan.

CYTGAN

A chofiwn ei orchestwaith
Â Beibl newydd sbon,
I ddiolch am ei lafur
a'i rodd i'r genedl hon –
Rhoed iddo ieithwedd newydd
    i glust ein cyfnod ni
  Ond ynddo mae'r Gwirionedd –
    rhown iddo'r parch a'r bri.

CAREDIGRWYDD

Yn araf iawn
y daw'r lluniau i lawr
yn oriel y saint.
Maent yn dal i lynu yno'n obeithiol.
Cyndyn iawn ydym i anghofio
y fflach o naturioldeb,
neu garedigrwydd
a ddaeth i ganol yr act feunyddiol.

Erys y cof
am yr un peth bywiol
wrth linynnau gobaith
yn ein horielau sathredig.
Caredigrwydd a gwên,
y cof hwnnw.

CARIAD
(Geiriau'r Meddyg wrth Pelagia)

Pan fyddwch yn syrthio mewn cariad, mae'n wallgofrwydd dros
dro, mae'n ffrwydro fel llosgfynydd, ac yna'n cilio. A phan mae
o'n cilio, rhaid i chi ddod i benderfyniad. Rhaid i chi ddyfalu a
ydy eich gwreiddiau wedi cyd-blethu i'r fath raddau fel ei bod
hi'n amhosibl i chi wahanu byth. Achos dyna beth ydy cariad.

Nid bod yn gegrwth ydy Cariad, nid cynnwrf, nac awydd
i genhedlu bob eiliad o'r dydd! Nid gorwedd yn effro yn y nos
gan ei ddychmygu o'n cusanu bob rhan o'ch corff. Dim ond bod
"mewn cariad" yw hynny, a gall unrhyw un ohonom ein
hargyhoeddi ein hunain ein bod felly. Cariad yw'r hyn sydd ar ôl
wedi i fod "mewn cariad" gilio.

(o *Captain Corelli's Mandolin* gan Louis de Bernieres)

GWEDDI CARIAD

Arglwydd y mae dy gariad yn ein cynhyrfu ac yn ein
cywilyddio. Y mae'n datgelu tlodi ein cariad ni. Y mae dy dosturi
yn dangos pa mor arwynebol a hunanol yw ein tosturi ni.
Dduw cariad, trugarha wrthym. Daethost atom yn Iesu Grist i
fynegi i ni dy gariad ac i'n dysgu mai calon y greadigaeth yw
cariad costus, aberthol, sy'n dioddef i'r eithaf, yn gobeithio i'r
eithaf, yn dal ati i'r eithaf, er mwyn ein hachub ni o farwolaeth i
fywyd.
Dduw cariad, diolchwn i ti. Planna a meithrin dy gariad yn ein
calonnau ni. Rho i ni wroldeb i fyw yn ôl ei ofynion – i geisio
hawliau eraill o flaen ein hawliau'n hunain; i ymgyrchu dros y
gwan a'r tlawd; i rannu'n bywyd â'r newynog, i roi o'n heiddo i'r
tlawd, i roi ein hamser a'n sylw i'r unig a'r gwrthodedig.
Dduw cariad, gwrando ni. Cyflwyna dy wyrth yn ein calonnau a
gwna ni'n gyfryngau dy deyrnas o gariad, er mwyn Iesu Grist.

Amen

(Pryderi Llwyd Jones o safle gwe Capel y Morfa, Aberystwyth.)

CARIAD' Y BYD MEDDYGOL

(Ar batrwm emyn Cariad Paul at y Corinthiaid o ysbyty yn Indiana, UDA.)

Os yr ydan ni'n siarad â thafodau arbenigwyr ac ymgynghorwyr, ond heb gariad gennym, ni fydd gennym lawer mwy na sŵn ein lleisiau ein hunain, a thwrw syniadau mewn ffasiwn.

Os datblygwn ddulliau newydd, ysgrifennu cwricwlwm ar gwricwlwm drachefn, dysgu technegau newydd, gan ddeall popeth sydd i'w ddeall am bum cam marwolaeth yn esbonio dicter ac iselder y claf, a heb gariad gennym, rydym yn ddiwerth.

Os yr ildiwn ein hen bryderon o siarad efo cleifion am eu gwir deimladau, ond eto ein bod heb gariad, nid ydym ddim.

Mae cariad yn para am byth,
ond bydd diwedd ar gynadleddau tiwmor,
bydd gweithdai yn darfod,
a hyfforddiant mewn swydd, bydd hwn yn newid.
Oherwydd mae ein dulliau bob amser yn amherffaith, a'n cynlluniau yn aml yn ddiffrwyth.

Pan ddois i gynorthwyo gyntaf, meddyliais fel delfrydwr,
a siaradais fel arbenigwr.
Ond wrth aeddfedu, sylweddolais fod arna innau hefyd ofn,
a bod y claf yn aml yn fy nysgu i.

Yr awr hon rydym yn gweld adlewyrchiadau salwch a marwolaeth yn unig, ond rhyw ddydd fe'u gwelwn wyneb yn wyneb.
A daw amser pan fyddwn yn gwybod yn siŵr pam y bu pethau fel hyn, a byddwn yn edifar i ni erioed fod yn feirniadol.

Gwelwn fod dulliau, technegau, cynadleddau achos, cynlluniau gofal, seminarau, profiadau grwpiau bychain, a chwnsela – y cyfan hwn, a llawer mwy er mwyn hybu dirnadaeth a gwella effeithiolrwydd.

Ond yn fwy na'r rhain i gyd, mae Cariad.

CARWCH EICH GELYNION

(Mewn eglwys ym Munich yn 1947 bu'n rhaid i Corrie Ten Boom wynebu un o'i phoenydwyr yn y gwersyll crynhoi. Mae'r cyn gard a fu'n gweinyddu artaith iddi hi a'i theulu yn gofyn iddi am faddeuant.)

Roedd yn rhaid i mi ei wneud o – roeddwn i'n gwybod hynny. Mae'r neges fod Duw yn maddau efo amod i ni – ein bod ninnau'n maddau i'r bobl sydd wedi'n brifo ni. Yn ôl Iesu: "Os na wnewch chi faddau i bobl eu dyledion, ni fydd eich Tad yn y nefoedd yn maddau i chi."

Roeddwn i'n dal i sefyll yno efo'r oerfel yn gafael am fy nghalon. Ond mae maddeuant yn codi o awydd, a gall yr awydd ddal i fod er gwaethaf tymheredd y galon. "Iesu helpa fi" gweddïais yn dawel. "Fedra i godi fy llaw. Fedra i wneud cymaint â hynny. Rho Di'r teimlad i mi."

Felly yn brennaidd a mecanyddol taflais fy llaw at yr un oedd yn disgwyl amdana i. Ac wrth i mi wneud, fe ddigwyddodd rhywbeth rhyfeddol iawn. Cychwynnodd cerrynt o gynhesrwydd yn f'ysgwydd, saethodd i lawr fy mraich, a chyrraedd lle roedd ein dwy law yn uno. A daeth y cynhesrwydd 'ma i lenwi fy holl fodolaeth, gan ddod â dagrau i'm llygaid.
  "Dwi'n maddau i ti fy mrawd" gwaeddais innau "gyda'm holl galon".

Am ennyd hir gafaelom am ddwylo ein gilydd – y cyn gard a'r cyn-garcharor. Doeddwn i erioed wedi adnabod cariad Duw mor deimladol.

Corrie Ten Boom

GWEDDI NATUR CARIAD

Dduw Cariadus, rydan ni'n cofio heddiw fel y dangosaist yng ngeni a marw Iesu Grist fod y Newyddion Da i bawb, ac nid i ychydig – i bobl gyffredin, i bobl nad ydym wastad yn eu hystyried yn rhan o'th fwriadau. Does neb y tu allan i gylch dy Gariad, ac mae neges obeithiol yr Efengyl yn croesi bob ffin, ac yn dod â goleuni i'r ddaear gyfan. Ac er gwaethaf gwrthwynebiad, erledigaeth a gwrthodiad, mae'r goleuni hwnnw yn parhau i oleuo'n byd, ac i belydru yn ein calonnau.

Rwyt Ti'n rym hollbresennol yn ein byd, a boed i ni fedru dal i ryfeddu at dy bresenoldeb – y sibrydion ohonot a gawn mewn bywyd bob dydd. Rho i ni olau newydd, ongl wahanol, persbectif ehangach ar dy gariad, gan weithio i sefydlu dy Deyrnas ar y ddaear.

Cyflwynwn ein byd i ti yn ei dryblith, a hefyd ein sefyllfaoedd personol ninnau. Gweddïwn dros y bobl sy'n sâl ac yn dioddef, y rhai sy'n cael eu gorthrymu, yr unig, yr henoed, y sawl sy'n bryderus ac yn llawn gofidiau, rhai mewn profedigaeth. Mae gennym rywrai yn arbennig ar ein meddyliau – fe gyflwynwn ni hwy, a ni'n hunain i dy ofal a'th nodded.

Helpa i ni ddangos ein gwerthfawrogiad, drwy gerdded y llwybr a oleuir ar ein cyfer a rhannu'r goleuni ag eraill o'n cwmpas yn dy enw Di. Dysg ni hefyd i adnabod Dy arwyddion wrth i Ti geisio siarad â ni, ac arwain ein llwybrau heddiw. Bydd gyda phawb sy'n chwilio – chwilio am ystyr i'w bywydau, edrych am rywbeth i lenwi'r gwagle, a gweddïwn y byddi'n helpu pawb i dy ganfod Di drostynt eu hunain. Rwyt Ti'n gwybod y cariad rydan ni ei angen Dduw, ac fe wnei di ddiwallu ein hanghenion oll.

Ond yn ôl ein safonau ein hunain dydyn ni'n haeddu dim o'th ras, ond eto rwyt Tithau yn ymgorffori i ni'r Duw sydd wastad yn aros i'n croesawu'n ôl, yn barod i faddau'n bai ac i'n helpu ni ddechrau o'r newydd. Rydan ni'n rhyfeddu at y fath gariad, ac yn dy glodfori. Diolchwn am y modd y gwnaethost hyn oll yn bosibl – drwy ddioddef a derbyn y gosb a ddylai fod yn gosb i ninnau – er mwyn i ninnau rannu yn y bywyd sy'n fywyd mewn gwirionedd.

Helpa i ni fod yn fwy ffyddlon a dysg ni i ddangos dy Gariad Di bob amser, hyd yn oed pan 'dan ni'n brifo o eisiau cariad ein hunain. Nid yn unig ei ddangos Dduw, ond ei ddangos yn well, ac yn fwy effeithiol. Y cariad sy'n cyrraedd craidd pob person os gadawant iddo, cariad mor anghyfnewidiol ac eto sy'n croesi terfynau pob cyfnod. Fel Dy Gariad Di atom oll. Cariad mor fawr sydd eto yno ynghanol bywyd bob dydd – yng ngloywder y llygad ac ysgafnder ein trem.

Bydd gyda ni drwy gyfnodau, dyheadau, a theithiau'n bywydau amrywiol. Helpa bob un ohonom i ganfod y Duw sy'n trawsnewid - ac i weld bod y pethau lleiaf yn gallu cael eu defnyddio i ddwyn ffrwyth ac esgor ar ganlyniadau annisgwyl.

Amen

GWEDDI CREFYDD DDIFFUANT

Annwyl Iesu, dysg i ni fod yn ddiffuant yn ein crefydd. Gobeithiwn fod ein crefydd yn fwy na rhywbeth sy'n cael ei safonau o'r byd, yn fwy na rhywbeth â haen ffug o barchusrwydd am ei ben.

Gwna'n siŵr ein bod ni'n dangos y gwahaniaeth hwn yn ein hymdriniaeth o eraill, a bod hyn yn treiddio i bob agwedd o'n bywydau. Dysg i ni garu ein gilydd yn fwy diffuant, ac nid aros efo criw bach dethol yn unig, ond sicrhau bod pawb yn cael ei gynnwys.

Nertha ni i wneud ac i fod yn 'ni ein hunain' yn dy waith ac felly i ddod â'n talentau amrywiol at dy waith.

Amen

CRISTNOGION

Y ddadl orau dros Gristnogaeth yw Cristnogion - yn eu hapusrwydd, eu pendantrwydd, eu cyflawnder. Y ddadl waethaf yn erbyn Cristnogaeth yw Cristnogion hefyd - pan maent yn bell a heb lawenydd, pan maent yn hunangyfiawn a hunanfodlon, a phan maent yn gul a gormesol.

Bryd hynny mae Cristnogaeth yn marw mil o farwolaethau.

(C.S Lewis)

GWEDDI DROS EIN CYMDEITHAS LEOL

Ein Tad, deuwn atat yn ein hamodau cyfforddus, gan wybod nad ydy popeth yr un mor bleserus o fewn tafliad carreg i'n haddoliad.

Bydd yn gefn ac yn hyder i filoedd yn ein gwlad sy'n wynebu diweithdra a segurdod. Boed i ni fedru ymdeimlo â'r artaith feddyliol a'r diffyg gorwel a feithrinir yn wyneb cwtogi, crebachu, a byw ar fudd-daliadau.
Bwyda'r unigrwydd a'r diffyg hyder y mae hyn yn ei feithrin, a lapia dy bresenoldeb o gylch aelwydydd sy'n ceisio eu gorau i gael y ddeupen ynghyd heddiw er lles eu teuluoedd.

Amen

GWEDDI'R GYMWYNAS

Boed i ni gofio gwerth y weithred fach dawel, ddinod, a bod
cymwynas yn aml i'w chanfod yn y mannau annisgwyl:

> O mor eang yw cylchrediad
> Newydd drwg neu gam ymddygiad,
> Ond mor dawel y gymwynas -
> Ei dinodedd yw ei hurddas.
>
> (Lewis Evans)

CYMWYNAS

> Ni fu yn frwd mewn capel,
>   Anffyddiwr meddai rhai,
> A mynych cai ei farnu
>   Pe byddai drwg neu fai.
>
> A chlywais hallt sibrydion
>   Y parchusogion doeth
> Am Wil yr Hendre Isa'
>   Mewn geiriau caled coeth.
>
> Ymhell o ffald y capel
>   A'r holl sibrydion ffraeth,
> Gwnâi William sawl cymwynas
>   Heb ddangos pwy a'u gwnaeth.

> (Arthur Evans)

Amen

CYN GWELD TRWY BETHAU

Dw i mor falch i mi fynd i Israel
pan oeddwn yn ifanc, diniwed a naïf,
cyn i mi weld trwy bethau.
Yn yr hanfod diniwed hwnnw
y canfyddais Grist gyntaf
fel awel ar fryniau Galilea.

Wedyn y deallais
bod meistr ar bob Mistar Mostyn,
bod hen orsedd Peilat hefyd
wedi'i harddangos yng Nghesarea.

Diolchaf i mi geisio Iesu yno
yn y purdeb gwreiddiol,
a'i ganfod yn y wlad, ac mewn Ardd,
a dechrau dod i ddeall am ei fyw a'i farw
wedi gweld y mannau,
cyn gorfod gweld drwy bethau.

Pan oedd Llyn Galilea
â niwl y bore'n codi arno,
fel cred yn dechrau byw.

GWEDDI'R CYRION

Dduw Dad, maddau i ni am fod mor barod i rannu'r teulu dynol i grwpiau twt gyda labeli parod a chyfleus, gan anghofio dy fod Ti yn Dad i ni gyd. Er ein mwyn ein hunain ac er mwyn ein plant cyffeswn ddrygau ein byd presennol ger dy fron.

Maddau i ni o Dad ein bod ni ar adegau yn defnyddio crefydd fel arf, diwylliant fel tarian, ac yn troi amrywiaeth cyfoethog y profiad dynol yn fur o raniadau. Boed i ni glywed o'r newydd dy Fab, a anwyd yn Iddew, yn siarad unwaith eto wrth iddo ganmol haelioni'r teithiwr o Samariad. Cofiwn iddo dderbyn anrheg gan wraig o Samaria wrth y ffynnon, mae'n dangos tosturi i filwr Rhufeinig, gan dorri muriau hil, lliw, rhyw a chenedligrwydd - muriau y byddwn yn cuddio y tu ôl iddynt. Gweddïwn am i'r undod a fwriadwyd ar gyfer dy blant gael ei gyflawni ynom.

Amen

(Addasiad o ran o weddi Donald Hilton
o *Pilgrim to the Holy Land*)

GWEDDI'R CYSONDEB

Diolch i Ti mewn byd o siom efo pobl, nad wyt Ti fyth yn siomi. Diolch i Ti ynghanol oriogrwydd personau dy fod Di gyda ni bob awr. Diolch mewn oriau pan deimlwn wendid dy fod Di yn cynnig dy gadernid, yn dangos nad ydym yn rhy wan i garu.

Diolch am dy dangnefedd lluosog Di, sy'n aros wedi i addewidion y byd fynd ar chwâl - yn esgusion ac yn sŵn i gyd – i'r pedwar gwynt. Diolch dy fod yn ddigyfnewid mewn byd o newid chwim, ac yn ein cymell i fod yn 'ni ein hunain' mewn byd o actio ac o fasgiau.

Diolch i Ti am sibrwd yn ddistaw mai trwy Gariad y daw'r byd i drefn, y crëir unwaith eto'r cyfannedd pan fyddwn yn blant i Ti. Nid yn oleuadau unig yn fforest y nos, ond yn siriol a bodlon fel sêr dy ffurfafen.

Amen

GWEDDI'R DEFNYDDIO

Annwyl Dduw, dysg i ni fyth â defnyddio pobl er lles ein buddiannau personol ein hunain, na chwarae gemau seicolegol â phobl. Sicrha nad ein hawydd i ddefnyddio'r naill a'r llall sy'n dod â ni at ein gilydd, ond yn hytrach ein parch at y naill a'r llall. Dysg i ni barchu pawb am yr hyn ydynt a pheidio â manteisio ar eu safle, neu'r hyn allant wneud i ni. Boed i ni byth ddefnyddio safle arbennig yn bŵer dros eraill. Yn aml mewn sefyllfa fel hyn daw pethau yn ôl i'n dinoethi ninnau am yr hyn ydym. Pâr i ni fedru dadwneud unrhyw sefyllfa lle rydym wedi defnyddio pobl.

Yn union fel yr ydym ninnau'n teimlo pan gawn ein defnyddio, boed i ninnau beidio â chreu teimladau tebyg ym mywyd rhywun arall. Boed i ni ddatblygu a meithrin perthynas rhwng pobl yn hytrach na'u defnyddio ac yna eu taflu ymaith. Boed i ni beidio â bod yn gyfeillion cyfleus i bobl, ond yn hytrach roddi iddynt gywirdeb ein calonnau a'r elfen anhunanol ohonom ni ein hunain. Boed i ni weld cyfle i gyfoethogi bywyd rhywun arall a thrysori'r cyfle bob amser.

Rho i ni gydwybod glir ac iach i wybod nad ydym wedi defnyddio pobl, ond gobeithio wedi adeiladu a chyfrannu at eu bywydau. Pâr i ni fod ddim yn bobl sy'n defnyddio, ond yn hytrach yn bobl sy'n cael ein defnyddio gennyt Ti yn dy waith mawr o rannu dy Gariad. Diolch dy fod yn Dduw sy'n adfywhau ac yn adfywio diddordeb – dim ond o dreulio amser yn dy gwmni.

Diolch dy fod Ti yn defnyddio'r gorau sydd gan ddynoliaeth i'w gynnig i adeiladu mewn amrywiol ffyrdd dy Deyrnas. Diolch dy fod yn dysgu i ni dro ar ôl tro i weld yr harddwch mewn pobl y tu hwnt i'w defnyddio, a'r peth bywiol hwnnw ynddynt sy'n Gariad ynddynt. Bydd gyda ni wrth i ni ymdrechu i greu gwell byd "dan nawdd yr addfwyn a'i dangnefedd drud." Cadwa ni rhag siarad am hyn yn unig ond gwna ni'n offerynnau gweithredol i ddwyn hyn i fodolaeth yn ein byd. Er mwyn Iesu Grist,

Amen

DEG GORCHYMYN GWAHANOL

1. Byddwn yn rhoi croeso yn ein capeli a'n heglwysi.

2. Byddwn yn hwyluso'r ffordd i deuluoedd ifanc fedru dod.

3. Byddwn yn sicrhau y byddwch yn medru clywed y gwasanaeth yn iawn.

4. Byddwn yn ymarferol ac yn berthnasol i fywyd heddiw.

5. Byddwn yn helpu i chi ymchwilio ac ateb eich cwestiynau dyfnaf.

6. Byddwn yn cynnig amser i chi oedi a meddwl ynghanol bywyd prysur.

7. Byddwn yn helpu i chi wneud synnwyr o'r Beibl, ac o bwy yw Iesu.

8. Byddwn yn sicrhau fod eich ymweliad yn gymorth i chi, ond hefyd yn eich herio.

9. Byddwn yn eich helpu i ganfod drosoch chi eich hunan Gariad Duw, ei dderbyniad ohonom a'i faddeuant.

10. Byddwn yn cynnig cyfle i ddechrau o'r newydd.

(O ddeunydd y Milflwyddiant 2000)

DEG GORCHYMYN AR GYFER LLEIHAU PWYSEDD

1. Paid â bod yn berffaith na cheisio bod.

2. Paid â thrio bod yn bopeth i bawb.

3. Gadawa bethau y dylid eu cwblhau heb eu cwblhau.

4. Paid â cheisio bod yn hollbresennol ymhobman.

5. Dysga ddweud Na.

6. Neilltua amser i ti dy hun, ac ar gyfer y rhai sy'n annwyl i ti.

7. Sicrha y byddi'n ymlacio a gwneud dim yn rheolaidd.

8. Bydda'n ddiflas, anurddasol a hyd yn oed yn flêr ar achlysuron.

9. Paid â theimlo'n euog.

10. Na fyddi'n brif elyn i ti dy hunan, ond yn hytrach yn ffrind gorau.

(oddi ar gerdyn cyfarch)

DEIMLI DI'R RHIN?

Mae rhyw naws yn symud
yn ymdreiddio drwy y tir
yn tynnu brawd a chwaer ynghyd
ar lwybrau sy'n gytûn.

Ysbryd yw o Gymod
Duw yn dod ei hun
a sicrhau i blant y byd
ddyfodol sydd yn un.

Deimli di y rhin yn awr?
Deimli di y wefr?
Digon yw
i berswadio'r byd
fod Cariad dal yn fyw.

Mae 'na ystyr iddo
ein poen a'n hoen bob awr
er mor anodd canfod beth
yw'r bwriad i ni nawr.

Mae 'na batrwm dwyfol
i ninnau blant y llawr
golygfa dra gwahanol fry –
y cynllun cyflawn mawr.

Deimli di y rhin yn awr?
Deimli di y wefr?
Digon yw
i berswadio'r byd
fod Cariad dal yn fyw.

(Cenir gan Triawd Caeran)

GWEDDI DELWEDD

Am unrhyw beth nad ydym wedi llwyddo i fod, am y pethau na fedrwn fod, am y disgwyliadau uchel sydd ohonom fydd byth yn gallu cael eu gwireddu gan mai breuddwydion ydynt. Am yr holl bethau mae pobl yn ei feddwl amdanom (gwir neu anwir), a'r modd weithiau yr ymddangoswn i eraill. Am ein holl fethiannau a gwendidau.

Am yr hyn na allwn fod i bobl eraill, am y disgwyliadau nad ydym yn eu cyrraedd ynom ein hunain ac ym meddyliau eraill. Am bopeth nad ydym i bobl, bydd Di gyda ni yn ein syniad o fethiant. Dysg ni i beidio â bod yn rhy galed arnom ni ein hunain er mwyn cadw delwedd a chadw wyneb.

Maddau i ni am osod nod mor afreal o uchel i ni'n hunain, a hynny'n aml efo pethau dibwys bywyd. Maddau i ni hefyd am adael i ni ein hunain gael ein cyflyru i deimlo felly.

Ceisia'n gwneud ni'n driw, ceisia'n gwneud ni'n eirwir. Pâr nad oes gwahaniaeth rhwng ein delwedd a'r hyn ydym mewn gwirionedd. Hyn er sicrhau nad actio ein crefydd ydym. Helpa ni i dderbyn pobl fel ag y maen nhw – efo'u rhagfarnau, beiau, gwendidau a rhagdybiaethau, yn union fel y bydd pobl yn derbyn yr union bethau hyn ynom ni.

Amen

GWEDDI AM DDIFFUANTRWYDD

Maddau i ni pan yw'n crefydd yn mynd yn ymarferiad, a ninnau'n rhy brysur i ymdawelu a dy glywed Di, ac i fod yn dy gwmni Di. Bydd gyda ni pan rydan ni'n teimlo'n annigonol ac wedi blino, yn teimlo fod y ffordd yn hir.

Arwain fi drachefn drwy'r goedwig at dy fedyddfaen Di, ac ailfedyddia fi mewn purdeb a daioni, a rho i mi gryfder i ddal i wneud Dy waith.

Ti yw ceidwad y cyfnodau, yn agor a chau drysau. Dysg i ni dderbyn hyn oll yn ffyddiog fod dy ddiben Di yn cael ei chyflawni ynom. Er weithiau fod dy ymyrraeth yn anodd ei ddirnad, diolch am fod yno beunydd, ac am dy drugaredd yn estyn i lawr i blant dynion.

Heb Dy Ras, rwy'n ddim. Bendithia'n taith a'n diben yn y byd, ac argyhoedda ni bob dydd o'th bwrpas i ni blant dynion. Diolch Dduw am ein dysgu fwy a mwy sut i fod yn gryfach Cristnogion ac i gerdded y filltir arall heb ddisgwyl dim yn ôl. Dyna yw'r ail filltir i ni – rhoi heb edrych yn ôl. Bydd gyda ni yn ein teimladrwydd. Yn enw Iesu Grist,

Amen

GWEDDI'R DILEU

Diolch Dduw dy fod ti'n Dduw sy'n anghofio'n bai - yn pwyso 'Dileu' ar ffeiliau ein hanufudd-dod, ac yn hytrach yn ceisio gennym dy bwrpas a'th ddaioni er gwaethaf ein bai. Ac mae dy ddileu Di yn dileu llwyr, nid cysgod o faddeuant.

Rydan ni'n ddiolchgar bod Duw yn un sy'n pwyso botwm 'Dileu' yn ein bywydau ni bob un, yn dileu'r disgiau gwael a chodi ein heuogrwydd. Dyna'i gariad at y byd. Dyna pam mae o'n dal i ryfeddu ac i ysbrydoli oherwydd y cariad anhunanol hwn a ddangoswyd ar y Groes.

Weithiau rydan ni'n difaru cael gwared ar rywbeth o'r cyfrifiadur – yn yr un modd efo rhywbeth o'n personoliaethau - ond fe fydd Duw yn rhoi llwyddiant i'r rhannau sydd am ddwyn ffrwyth ond yn dileu'r darnau eraill. Mae Duw am ddefnyddio'r rhannau effeithiol o'n gwaith ac mae'n edrych y tu hwnt i ffeiliau annheilwng a mynych wendidau. Ac o adael iddo fo weithio yn ein bywydau ni mae o'n troi'r cyfan yn bositif.

Boed i ni ddangos ein diolchgarwch ynglŷn â hyn i Dduw, heb fod yn ffuantus a chymryd Duw yn ganiataol ynghanol argyfyngau bywyd yn unig. Diolchwn fod Duw yn rhoi cyfle i ni eto, ac yn maddau – mae Iesu yn dweud y dylem efelychu hyn gan faddau saith gwaith saith. Ddim bod hyn yn rhoi trwydded i rywun wneud unrhyw beth, ond yn hytrach ei fod o'n caniatáu i rywun barhau efo'u bywydau.

Amen

GWEDDI'R DIWRNOD NEWYDD

Dduw mae dy gysondeb tuag atom yn rhyfeddol. Rwyt ti'n ymweld â ni bob bore o'r newydd. Erfyniwn arnat i ddatgelu dy hunan drachefn i'n gwlad a'n cyfnod; gwna dy bresenoldeb yn rym perthnasol yn y winllan.

Mae dy bobl yn chwilio am ystyr, yn ceisio pob math o ysbrydoledd heb fedru gweld dy fod Di yno bob amser, ond heb dy adnabod. Dwyt ti byth yn anffasiynol, ein craig a'n cadernid.

Dy gysondeb Di sy'n ein tanio, Ti sy'n gadarn drwy'r cyfan oll, a ninnau mor simsan. Dy wên sy'n dal llygad dy bobl, ac mae dy wenau fel y dydd cyntaf.

Cynorthwya dy blant i sylweddoli dy awydd i fod yn gyfoes ac yn bresennol ar y stryd ac yn y cysegr, ynghanol helbul bywyd go iawn, yn ogystal â'r sacramentau, yn y torri tir newydd yn hytrach na'r hen gyfundrefnau.

Dy rym sydd ym mhobman. Nid oes un man nad yw dy gariad yn cyrraedd. Ti yw enfys liwgar ein gobaith ymhob cwmwl du, ein bad ymhob storm ar y môr.

Wrth i ni ddod atat mewn diolchgarwch, cynorthwya ni i ddeall beth yw bod yn wir ddiolchgar, mewn byd â chymaint o fryd ar yr hunan.

Amen

GWEDDI AM DDOETHINEB

Diolch Dduw am dy ddoethineb, am y ffordd yr wyt yn helpu dy blant i ddehongli teimladau mawr. Diolch am yr esboniadau distaw a gawn gennyt am gymeriadau, a'r modd y byddi'n datguddio eu priodoleddau, eu ffaeleddau a'u tueddiadau, er mwyn i ni fedru dysgu sut i'w caru yn well.

Ynghanol y siom a gawn efo pobl, diolch am dy drydydd dydd sy'n rhoi i ni ffordd i wynebu'r siom yn gadarnhaol ac â chariad. Diolch am drydydd dydd bob amser i'n bywydau pan geisiwn Di.

Diolch am roddi i ni'r fraint o ddod i adnabod pobl, a hyd yn oed ym mhlygion dyrys eu cymeriad ein bod ni'n dod i weld daioni ynddynt, ac i sylweddoli'r rheswm pam fod eu hymddygiad yn tramgwyddo. Atgyfnertha ni eilwaith i fedru wynebu sefyllfaoedd â'n cariad a'n cydymdeimlad gan wybod dy fod Ti, Dduw, yn ein harwain.

Arwain pobl o bob oes a sefyllfa at dy wirionedd Di a dy Gariad Di, ac yng ngeiriau'r emynydd:

"Gad i mi weld dy wyneb Di
ym mhob cardotyn gwael,
a dysgu'r wers i wneuthur hyn,
er mwyn dy Gariad hael."

Amen

GWEDDI DUW'R BARDD

Diolchwn am Dduw'r Bardd – nid yn unig am farddoniaeth y
Creu, ac am eiriau o farddoniaeth a lefarwyd gan Iesu megis
Gweddi'r Arglwydd a'r Gwynfydau. Ond hefyd am y
farddoniaeth anorffenedig ynom ni dan arweiniad Ysbryd Duw
sydd am greu cynghanedd yn ein bywydau prysur mewn
amrywiol ffyrdd o fendith.

Amen

GWEDDI DYGYMOD

Diolch Dduw am fedru gweld cymhellion ffug eraill, medru
gweld yr hyn mae pobl yn trio'i wneud i ni mewn pryd. Diolch
am beri i ni ddeall sut mae pŵer bach y byd yn gweithio, a pha
mor ddiflas ydyw.

Diolch ein bod yn medru bwrw ein baich arnat Ti, Dad.
Diolch dy fod ti yn gweld na fedrwn ddygymod â rhai
sefyllfaoedd, ac rwyt yn dy heddwch a'th dangnefedd yn rhoi
digon o nerth i ni ddygymod. Digon bob amser i'r diben.

Diolch Dduw dy fod Ti yn iachawr meddyliau, diolch ein
bod yn gallu rhoi ein pryderon arnat Ti, a dy fod yn medru mynd
â nhw fel cymylau ymaith, gan beri i ni fedru dygymod.

Amen

GWEDDI ECSCLIWSIF

Gochela rhag i ni fod yn Gristnogion ecscliwsif, sicr ein bod ni'n mynd i'r nefoedd ar draul pawb arall, gan fod pawb yn bwysig yn dy Deyrnas Di. Gochela nad ydym fel Cristnogion yn edrych i lawr ar bobl eraill, ac efo agwedd nawddoglyd o unrhyw fath.

Gwna ni'n Gristnogion cynnes sy'n llawn consŷrn am ein cyd-ddyn ym mhedwar ban byd. Boed i Ti ddeffro ein cyfrifoldeb at ein cyd-ddyn, er mwyn i ninnau ddeall dy bwrpas hefyd. Boed i ni fyw yn y gobaith ein bod ninnau hefyd am gael cyfranogi yn y wledd rhyw ddydd.

Diogela ni rhag bob nam, a rhag ein gwendidau.

Amen

YR EFENGYLWR

(Nicky Cruz, awdur 'The Cross and the Switchblade yn Wrecsam.)

Daethost
ymladdwr dewr i lwyfan ein tref,
wedi cefnu bellach
ar y giang a'r cyffur,
a chofleidio pendantrwydd rhigolau dy ffydd.

Heriaist
yr ifanc i ddatguddio'u hunain,
i dynnu eu hunain o gysgodion y strydoedd.
Buost gynt yn bygwth
ym myd maffia Efrog Newydd
cyn i'r Groes ddisodli'r llafn.

Cofio llafn Duw yn agor dy galon
pan gynigiodd y pregethwr
i dy giang di o bawb
fynd i hel y casgliad.

Cefaist rodd dirion yr Ysbryd Glân
ar y plât y dydd hwnnw
a'th drawsnewidiodd yn ymladdwr dros Grist
yn ceisio puro puteindy'r byd.
Taflaist nodwyddau'r ddihangfa
am y cariad real.

Ond anodd i bob rebel gefnu'n llwyr –
Fel arweinydd y giang newydd heno
cyhoeddaist â thinc hen fygythiad
"Peidied neb â gadael heno heb roi ei hun i Iesu."

Her wedi'i gwneud rywfaint yn fwynach
oherwydd y gwaed a dywalltwyd drosto
unwaith.

Ond ei Waredwr â'i ben i lawr
yng nghefn y Neuadd,
rhwng dau feddwl mynd i'r blaen ai peidio.

EMYN

Nid oes i'm hafan yn y byd,
  Dinodded yw fy rhan,
yr ofnau'n herio'r galon friw
  a siglo f'enaid gwan.

Anwadal ydyw gorau dyn,
  Tymhorol yw ei fri,
Ymbiliaf am Dy noddfa, Iôr,
  a hedd dy gariad Di.

Rho imi'r sicrwydd oddi fry
  a'r hyder cadarn, byw
sy'n troi y llwfr yn gennad dewr
  yn rhengoedd gweithwyr Duw.

Clodforaf byth ryfeddod cain
  a gwyrth Dy gread mawr,
a'th ffordd yng Nghrist i godi dyn
  Uwch gwael rigolau'r llawr.

Lewis Evans

EMYN O WASANAETH

Frawd yn was dymunaf fod it
  Gad im fod fel Crist i Ti,
Pâr i minnau gael y gras
  I dderbyn o'th drugaredd Di.

Pererinion y'm ar siwrne
  a chymdeithion ar y ffordd,
Helpu'n gilydd yw ein noddfa,
  Milltir arall wrth ein bodd.

Daliaf iti olau'r Iesu
  yn y nos o bryder du,
Daliaf hefyd yn dy law di,
  Ymgorfforiad heddwch cu.

Mi a griaf wrth it lefain,
  Pan y chwerthi, lawenhau
Rhannaf yn dy boen a'th wynfyd
  Hyd derfyn bywyd ni ein dau.

Pan gawn ganu yn y nefoedd
  Yno bydd 'fath harmoni
Wedi'i gostrelu o'n profiadau
  O Gariad Crist a'i Galfarî.

Chwaer yn was dymunaf fod it,
  Gad im fod fel Crist i Ti
Pâr i minnau gael y gras
  I dderbyn o'th drugaredd Di.

(Addasiad o *'The Servant Song o Bread of Tomorrow'*.
Geiriau Saesneg gan Richard Gillard ar dôn Betty Pulkingham.)

FEL YR WYF . . .

Rwyt Ti'n fy ngharu i fel yr ydw i, yn y modd y medraf dy garu Di – yn y ffordd orau o ddangos dy gariad, yn y ffordd rwyt Ti yn fy neall i.

Rwyt Ti efo mi yn fy llwfrdra yn troi hwnnw'n wrhydri yn dy deyrnas Di, rwyt Ti'n goleuo fy ffordd drwy'r cyfyngder. Rwyt Ti'n fy ngweld i yn werthfawr ac yn troi fy ngwendid i yn gadernid, a'm llwfrdra i yn wrhydri, a'm heuogrwydd yn grisialu diben newydd.

Rwyt yn fy adnewyddu i ganu cân newydd. Rwyt am i fi fod yn hapus efo'r hyn ydw i, ac i gyflawni'r hyn y medraf ei gyflawni yn hytrach na gwastraffu amser prin, ar yr hyn na fedraf ei gyflawni o gwbl.

Dysg i mi fod yn fwy syml ac uniongyrchol wrth dyfu ynot Ti , O Dad. Dymunaf gael fy nefnyddio llai mewn gêmau pobl ond yn fwy yn y Gêmau Mawr o ddangos dy Gariad Di i'r byd.

Amen

GWEDDI O FFOCWS

Pan mae'r ffocws wedi bod allan ohoni, diolch am ddod â ni yn ôl i ffocws. Pan fo'r pwyslais wedi bod yn anghywir, diolch am ddod â ni yn ôl at y pwyslais pwysig, cywir.

Pan fo'r llun wedi bod yn niwlog, diolch i Ti am godi'r llen rhyngot Ti dy hunan a ninnau. A ninnau'n methu eto yng ngwres dy gariad meiriol Di.

Amen

FFRIND

Pan gydymdeimlaf
â chymhlethdod byw rhai pobl,
gwelaf mai syml iawn
yw 'nghariad atat ti.

Pan welaf ddryswch
ac esgus cyd-fyw'r gwledydd
synhwyraf mor brydferth
yw'n cyfeillgarwch ni.

Pan welaf fel mae'r mawr yn maeddu
gan fethu cydnabod dawn,
teimlaf mor falch o'r parch
sy'n bodoli rhyngot ti a minnau.

Pan welaf greulondeb
dyn at ei gyd-ddyn
gan anwybyddu pob ffin,
Diolchaf am dy nabod di.

Ym myd cenfigen brwnt o boptu
a chymhellion anodd eu dirnad
Diolchaf am ddisgleirdeb dy lygaid
sy'n hollti trwy'r ffug i gyd.

Pan welaf mor ddauwynebog
mor wên deg yw'r byd,
diolchaf fod deigryn a chwerthin
mor agos yn dy lygaid di.

GWEDDI GANIATAOL

Ar yr adegau pan mae pawb yn eich cymryd mor ganiataol, pan yw pawb yn ymddangos yn anghyson, diolch dy fod Ti yn rym yn fy ngwendid a'm heiddilwch sy'n calonogi a'm hargyhoeddi i ddal ati.

Diolch dy fod ti yn ein hysbrydoli i gyrchu'r nod – y nod nad oes unrhyw un yn ei weld heddiw, ar ddiwrnod pan mae'r llun allan o ffocws.

Amen

GOLAU

Frazer yn darllen ei Feibl i mi,
mor wybodus
mor falch o'i ddetholiad hardd,
yn dotio at hanes yr Aifft.

Bydd yn dal i'w ddarllen
pan fydd golau ei frodyr
yn y gwelyau bync
wedi diffodd.

Mae'n gwybod enwau'r cymeriadau,
ond dydy o ddim yn hoffi'r llun o Iesu
â'r goron ddrain ar ei ben.

Frazer yn cael gafael ar olau na fydd yn diffodd,
yn chwech oed.

GRAS

Trysor rhad
sy'n preswylio'n dangnefeddus
ynof
ar waethaf drycin bywyd.

Rhodd feunyddiol
y byddaf yn sgwrsio â hi
sy'n arwain a goleuo
camau a geiriau'r daith.

Trysor
sy'n llenwi briwiau annhegwch
ac yn dileu anghyfiawnderau
hunanol ein hoes.

Rhodd sy'n well
na'r swydd orau yn y cread crwn,
y car chwimiaf diweddaraf,
y tŷ bach twt deliaf,
a'r pŵer grymusaf dros bersonau.

Grym sy'n ein harfogi
ar gyfer erchyllterau'r byd
yw dy Ras
sy'n preswylio fel ffrind ynof.

GRYM CARIAD

(ar yr alaw Power of Love a genir gan Celine Dion a Jennifer Rush.)

Mae'r byd yn llawn cysgod
drwgdybiaeth ym mhob man
a dyn yn ymladd dyn o hyd
a'r gwirion yn cael cam.

Aeth arfau yn bwysicach
na dyfeisgarwch dyn
a grym y bom yn herio
y ddaear werdd ei hun.

CYTGAN
Down at ein gilydd
drigolion y byd,
grymusach yw cariad
na'r arfau i gyd.
Ymlaen i'r dyfodol
yn sicr ein cam
Ein gobaith yn ir – yn llawen ein cân
a'n ffydd inni'n fflam.

Mae rhai o dan ormes
ac eraill heb fwyd
o dewch i ysgafnu
eu gorwelion llwyd.

Deffro grym a hyder
y gwerinoedd mud
Hawlia iddynt heddwch
ac amgenach byd.

CYTGAN eto.

GWEDDI I GYDBWYSEDD

Ti, o Dad, yw fy modlonrwydd. Ti sy'n adfer cydbwysedd ac yn peri i'r dydd dedwydd ddychwelyd. Ti sy'n peri i ni werthfawrogi'r dyddiau a sylweddoli mor amheuthun yw'n hamser. Ti, o Dduw, yw'r cysur ynghanol sefyllfaoedd bywyd a'r diddanwch sydd wastad yn chwilio amdanom a'n cyfeirio – yr un sy'n dod i'n codi mor dyner o'n digalondid a'n rhwystredigaeth. Ti sy'n rhoi i ni'r bodlonrwydd a'r llawenydd sy'n rhan o dy addoli di.

Diolch i Ti am dy rodd i ni o fodlonrwydd a ffydd. Ti sy'n peri i ni dynnu'r ffocws yn ôl a gweld beth sy'n bwysig yn ein bywydau, ac o'r disgord a'r anrhefn rwyt ti'n creu telyneg i Ti, yn torri'r rhannau sydd yn niweidiol a heb ddwyn ffrwyth yn ein bywydau. Rwyt Ti'n peri i ni fedru sawru'n dyddiau, a synhwyro mor freintiedig ydym i gael profi rhywbeth mor amheuthun â Bywyd.

Diolch dy fod ti , O Dduw, yn dy Gariad a dy Ras yn peri fod gennym feddyliau ac eneidiau sy'n ymagor i ti. Trwy roi i eraill rydym yn cadw unrhyw ddrwg neu afraid feddyliau ymaith. Rhannu ein heulwen ynot Ti, a bod yn weithredol yn dy waith yw'r ffordd i gadw'r duwch draw. Mae cyfnodau yn ein bywydau lle y sylweddolwn hyn yn fwy eglur.

Diolch Dduw am dy gysondeb a'th ofal amdanom yn y pellter, a ddaw yn agos i gyffwrdd â'n bywydau bob dydd, ac i newid ein hagweddau pan fo angen gwneud hynny. Diolch am adfer ein hegni ac ail gyfeirio'n llwybrau, am adfer llawenydd i'n trem a'n teimlad. Diolch am roddi'n ôl i ni ein bodlonrwydd, a rhoddi i ni dy hedd. Gwelwn wedyn Grist drachefn yn wynebau pobl eraill ar ochr heulog y stryd.

Amen

GWEDDI HARDDWCH

Mae gan y bardd T Rowland Hughes gerdd arbennig o'r enw "Harddwch". Ynddi mae'n chwilio ymhobman am rywbeth hardd i godi ei galon, ac i wneud iddo deimlo'n hapus. Mae'n mynd i'r mynydd, at lan y môr, at y goeden geirios yn yr ardd, ac i weld y machlud. Mae'n teithio a chwilio am ddyddiau, ac yn methu dod o hyd i harddwch.

Yn flinedig a thrist mae'r bardd yn syrthio ar fin y ffordd ac yn llewygu. Pan mae'n deffro, mae'n clywed lleisiau o'i amgylch, mae dwylo caredig yn gafael ynddo, mae'n gweld gwên ar wynebau. Mae rhywrai wedi ei helpu, ac mae eu cynhesrwydd yn gwneud iddo weld yr Harddwch sydd mewn pobl yn gyntaf. Yna pan mae'n deffro'r bore wedyn ar ôl derbyn cariad pobl, mae'r mynydd, glan y môr, y goeden geirios a'r machlud oll yn hardd hefyd.

Drannoeth mi a ddringais y bryn
a'm calon yn llon,
a gwelwn fod popeth,
Popeth yn hardd.

Ein Tad, helpa ni heddiw i chwilio a gweld yr harddwch sydd mewn pobl, yr harddwch hwnnw sydd o bosibl yno'n barod, yn disgwyl i gael ei gydnabod.

Amen

LAMPAU
(Eglwys Sant Pedr y Groes, Caer)

Yn 1938 yn Eglwys y Groes
rhoddwyd lampau
er cof am bobl,
i oleuo allor a changell a chôr.

Lampau amrywiol, amryliw.

Lampau ydym
yn goleuo ein rhan fach ni o'r byd.
Pa well ffordd i gael eich cofio
na'ch bod wedi troi'r lamp ymlaen
ym mhrofiad cyd-fforddolyn?

LLE FELLY . . .

Lle mae'r rapsgaliwns
dipyn bach mwynach,
lle mae problemau yn lleihau
o'u rhannu,
lle dewisir ochr heulog i'r stryd,
lle felly . . .

Lle mae eneidiau yn dirion â'i gilydd,
yn cerdded â sgidiau angylion
dros ein teimladau brau,
lle felly . . .

Lle mae haul yn meddalu brath Chwefror,
a cheir yn ymlwybro yng nghanol y dref,
lle maen nhw'n holi hynt
eich penderfyniadau,
ac yn galaru unrhyw beth sy'n creu pwysedd.
Lle mae pobl yn hardd
yn eu ffordd eu hunain,
lle felly . . .

Lle mae ieuenctid â chalon
y tu ôl i'r act o boeri wrth fainc y parc,
lle gadewir i'r bardd ynom oll i brydyddu
heb ei watwar,
lle felly . . .

Lle maen nhw'n cofio'ch enw,
lle mae'n farchnad bob dydd
hyd y strydoedd,
a'r siopau heb brysuro i gau,
lle felly . . .

Lonydd bach cefn i osgoi'r ras,
lle mae gwerthoedd yn dal i nythu,
lle lleolir y pethau sydd yn dal yn driw,
lle felly . . .

Lle ceir hysbysebion
ar hen hysbysfyrddau
na wêl ond dau neu dri,
lle cenir emynau yn reddfol
i ddiweddu'r nosweithiau,
lle felly . . .

MADDEUANT
(Eglwys Trillo Sant)

Yr eglwys leiaf
sy'n ein codi'n ôl.
Lle i fod ar eich pen eich hun
i ollwng y baich i gyd,
hyd nes daw pererinion eraill at y ddôr.

Cyffwrdd eto ag Amser Duw
a'i guriadau anarferol ac afresymol
sy'n gorfod ein gostwng i'n dysgu,
ein torri ni i'n hadfer,
er mwyn i ni fedru mynd adref ar hyd ffordd arall.

Y Gras sydd mor amheuthun
a ninnau mor annheilwng.
Y llwybr bach at yr eglwys leiaf,
lle cawn faddeuant am i ni wyro,
am i ni fethu â throi'r foch arall,
am i ni beidio â dysgu fod caru yn well na dal dig,
a chymod yn pontio'n well na chleisio.

Am y Gras sy'n gadael i ni weld heulwen ar donnau
eto
o'n gwaeledd.
Pan ddaw geiriau'r adnodau a'r emynau yn brofiad
i ninnau,
pan ddysgwn beidio â bod mor llawdrwm
arnom ni ein hunain,
ar yr adegau pan sylweddolwn
nad ydym wedi gwneud yn ôl
yn well nag a wnaethpwyd yn frwnt i ni.
Ar yr adegau pan yr ydym mor ddynol,
y tu hwnt i eiriau,
daw'r chwa sy'n chwipio'r tonnau
i gipio'r cyfan ymaith,
yr awel nerthol sy'n sychu'n dagrau.

Ar yr adegau pan nad ydym deilwng
rhaid gadael yma
gargo ein heuogrwydd
a dechrau eto i ddysgu bod mwy o her ar y gorwel.

Ildiwn i gefnfor ei Gariad.

Adferiad,
fel llanw'n dod yn dirion
i lyfu briwiau'r traeth ar ddiwrnod braf.
Yr ewyn croesawgar
yn cofleidio'r traeth yn ôl i'w freichiau.

GWEDDI'R METHU DWEUD

Am nad ydym yn caru digon,
am ein bod yn esgeuluso dweud,
am fod ymagor yn anodd i ni,
Maddau i ni o Dduw.

Gan ein bod yn rhy brysur
ac yn methu canfod amser,
a'n balchder yn fwy na ddylai fod.
Am na allwn ymateb yn reddfol agored
fel yr hoffem wneud.
Am ein bod isio rhannu llawenydd
ac isio cynnig ein gwerthfawrogiad
ond yn methu ffurfio'r geiriau,
dysg ni O Dduw i fod yn fwy effro
i adegau a chyfleoedd arbennig.

Cyfle i ganmol eraill,
dangos balchder yng ngwaith eraill
nad yw'n eildwym,
a chariad a chonsýrn
sy'n pelydru at wir angen pobl.

Maddau i ni pan 'dyn ni'n methu dweud,
pan fo'r amgylchiad yn llithro heibio.

POBL GAS

Ydy pobl gas yn dal i weld ceinder
y cennin Pedr cyntaf,
a'r fflur ceirios diniwed ar bren?

Ydy pobl gas yn teimlo'r haul
ar eu cefnau'n cynhesu,
a'r awel yn ysgafn
rhwng y tresi aur?

Ydy pobl gas weithiau'n cofio
y caredig, annwyl rai
y buont yn eu baeddu?

Ydy'r cas yn tawelu o'u dichell
ambell awr,
am ennyd fechan,
ac ystyried canlyniadau,
a chrefu am gydwybod?

Ydyn,
mae pobl gas yn gorfod gweld y cain,
gan na lwyddant
waeth beth fo'u hystryw
i ddileu Duw mewn angylion o bobl.
Ac mae hyn yn bwyta pobl gas yn fyw.

GWEDDI PONTIO

O Dduw cymodlawn, gweddïwn dros y rhai sydd wedi ymgysegru i achos heddwch a chyfiawnder - y rhai sy'n adeiladu pontydd yn lle baricadau ac yn cyflwyno gobaith yn lle gelyniaeth. Gwna ni yn bobl gymodlawn: rho i ni benderfyniad i wrthod trais a gwrthdaro, a'r ewyllys i rannu yn yr ymchwil am ddealltwriaeth rhwng cymunedau yn dy fyd. Felly gweddïwn, heddiw a phob dydd, am warchodaeth dy fyd ac am iachâd dy greadigaeth.

O Dduw sy'n adnewyddu, gweddïwn dros bawb sy'n cyhoeddi dy wirionedd yn ddiflino yn wyneb gwawd a gwrthodiad, a thros y rhai mae eu gweledigaeth yn cyfoethogi dy bobl. Gwna ni yn bobl yr adnewyddiad, cynorthwya ni i fod yn agored i'r Ysbryd, yn barod i groesi ein ffiniau i ehangder dy gariad. Felly gweddïwn heddiw a phob dydd, am arweiniad dy Air, am y gallu i garu dy fyd ac am ddyfodiad dy Deyrnas.

Amen

(Pryderi Llwyd Jones o safle gwe Capel y Morfa, Aberystwyth)

GWEDDI'R PONTIO'N ÔL.

Rydan ni'n Eglwys i Ti, ac weithiau rydym yn methu mor arbennig. Mae ein bydolrwydd a'n meidroldeb yn ei thagu â gwleidyddiaeth, yn cuddio pechodau. Weithiau mae'n hymdrybaeddu mor ddibwys, a'n trawiadau mor hen.

Pâr i ni fel Cristnogion fedru creu ffordd osgoi i'r holl bethau di-fudd a diangen sy'n tagu d'Eglwys, a phâr i'n meidroldeb fedru ailgysylltu â'r Ffynnon, a phontio'n ôl atat Ti. Yno mae'r creadigol, yno mae'r ysbrydoliaeth sy'n egni byw.

Rydym wedi rhoi ein hegni i bethau di-fudd, a heb sianelu'n gallu at y pethau bywiol. Maddau i ni. Boed i ni weld ein ffwlbri, a sylweddoli o'r newydd nad oes dim yn ein gwahanu rhag cariad Iesu, a bod y cynnig wastad yno i droi dalen newydd.

Boed i ni ddiolch am yr holl bethau da sy'n digwydd ac yn deillio o dy addoldai, ac o ffocysu ar y pethau hyn pâr i ni fynd y tu hwnt i'r chwerwi a'r cefnu. Yn ôl at y Ffynnon, fydd yn denu pobl i'r Eglwys ar ei newydd wedd.

Amen

PRIODAS
BETH YW CARIAD?

Beth yw cariad?
Y cwestiwn oesol sy'n poeni pawb
O bob cenhedlaeth,
Ym mhob cyfnod,
Ac yn wir ni fedrwn honni fy mod i'n gwybod yr ateb cyflawn
Ond darnau ohono,
Ond gwyddwn serch hynny
Fy mod i wedi ei brofi yng nghwmni'r un
Sy'n sefyll wrth fy ochr yma heddiw.

Gwyddwn oherwydd dwi yma'n tystiolaethu
O'ch blaenau i gyd
Mai hwn yw'r teimlad cryfaf sy'n bod,
Mae'n gymwynasgar, yn cydlawenhau,
yn dioddef pob dim, yn maddau,
Ond yn bwysicach na hyn oll
Mae gwir gariad yn hirymaros ym mhob storm.

Cariad yw cael un gwraidd
Dan y canghennau i gyd
Sy'n parhau i flaguro yn nrycinoedd bywyd.

Cariad sydd yno
Pan mae popeth arall wedi cilio neu beidio â bod,
Sy'n cynnig cysgod a noddfa
Pan fo pob drws wedi cau.

A thithau, f'anwylyd
Sy'n cynnig y cysgod hwnnw i mi,
A'th wên yn goleuo'r noson dywyllaf,
A'th alaw yn fy nghân,
A'th lygaid gwyrdd yw'r allwedd hardd
Sy'n agor porth fy nghalon,
Ti, neb ond ti sy'n cynnig y pethau yma i mi.

Karina Davies.

REAL

Dydw i ddim yn symbol.
Dydw i ddim yn ystadegyn.
Dydw i ddim yn fodfeddi yng ngholofn rhywun.
Dydw i ddim i'm hedmygu, ond
dydw i ddim i fy mhitïo ychwaith.
Yn syml, rwy'n ddynol.

Petaech yn fy nhroi tu chwithig allan,
byddech yn canfod dicter, ofn, difaru a digalondid
yn brwydro â'r cariad a'r dyheu,
y gobaith a'r rhyfeddod,
a'm holl anghenion.

Os gwelwch yn dda ystyriwch y pethau hyn yn ddifrifol.
Peidiwch â dwyfoli na gwyngalchu,
bychanu na phregethu.

Dyma arwyddion fy mywyd i,
rhodd a cholled,
archoll a thramgwydd.
Os gwelwch yn dda parchwch hwy.

Rydw i'n groes i bopeth sy'n mynnu fy mod i'n symbol.
Dwi'n mynnu bod yn real.

(Kath Galloway, Ynys Iona.)

RHAGORACH NA'R RHAIN I GYD

(yn seiliedig ar bennod *'Cariad', Corinthiaid 13*)

Cariad creulon yw,
cariad mae o'n beth brau
ond canfûm yng Nghrist
Rhagorach na'r rhain i gyd.

Sôn am frifo wnânt
ond fe gefais i iachâd
cariad ges gan Grist
Rhagorach na'r rhain i gyd.

Dy gariad Di
Nid pawb sydd yn ei geisio
Fe hoffwn i
i bawb gael gweld o drosto'i hun.

Cariad byd sy'n fyr
Gras Duw sy'n dragwyddol.
fe ganfûm yng Nghrist
Rhagorach na'r rhain i gyd.

Newid mawr a ddaw,
llinyn mesur tragwahanol
pan welwn ni'r Un
Rhagorach na'r rhain i gyd.

RHODDION COLLEDIG DUW

Pan oedd ein llygaid wedi cymylu
fel na allwn weld
y tu hwnt i'n hunain a'n byd bach
rhoddaist Ti i ni'r microsgop
i ddarganfod dirgelwch ein bodolaeth,
i weld harddwch a harmoni ym mhopeth,
i ddysgu ein bod ni'n perthyn i'n gilydd.

Rhoddaist Ti i ni'r telesgop
i weld llawer pellach na'n byd bach cyfyng
i lawenhau mewn galaethau y tu hwnt i alaethau
i lenwi ein meddyliau â pharchedig ofn a rhyfeddod
fel y gallwn blygu gerbron dy fawredd.

Rydym yn bychanu'r cyfan â diffyg gweledigaeth
Gyda byrwelediad, fe ddadansoddwn a chyfri
heb ein hysu hyd ein craidd
gan fod yna Dwll Du oddi mewn i ni,
ac weithiau dim ond hwnnw y medrwn ddirnad.

(David Adam o *A Celebration of Autumn*)

SALM Y TELEDU

Y teledu yw fy mugail, ni fydd eisiau arnaf.
Ef a wna i mi orwedd mewn cadair freichiau.
Ef a'm tywys o lwybrau ffrwythlon Ffydd, fe ddifetha fy enaid.
Ef a'm tywys ar drywydd rhyw a thrais er mwyn yr
hysbysebwyr.
Er i mi gerdded drwy gysgod cyfrifoldeb Cristion, nid ofnaf
niwed,
gan fod y Teledu gyda mi
Dy weiars a'th declyn rheoli a'm cysurant.
Ti arlwyi hysbyseb ger fy mron er budd fy materoliaeth
Iraist fy mhen â hiwmanistiaeth, fy nhrachwant sydd lawn.
Diogi ac anwybod yn ddiau a'm canlyn holl ddyddiau fy mywyd
A phreswyliaf yn y tŷ yn gwylio'r bocs yn dragywydd.

(Geiriau Saesneg a welwyd mewn eglwys yng Nghaint.)

GWEDDI I'R SANTES THERESE

(fel y'i gwelir yng Nghadeirlan Gatholig Cilarne, Iwerddon.)

Dysg i ni ddilyn dy ffordd o ymddiriedaeth a hyder.
Helpa i ni sylweddoli bod cariad y Tad yn gwylio drosom ni
bob dydd o'n bywydau.
Dyro i ni'r golau i weld mewn tristwch a llawenydd,
mewn treialon ac mewn hedd
law gariadus ein Tad.
Dyro i ni dy ffydd a'th ymddiried di dy hun,
fel y gallwn gerdded mewn tywyllwch
fel mewn goleuni
gan ddal yn dynn at ffordd cariad,
gan wybod fel yr oeddet ti
fod popeth yn ras.

CYFARCHIAD I'R CYLCHGRAWN EGLWYS

SHALÔM
(Cylchgrawn Capel y Groes, Wrecsam a gychwynnwyd gan y Parch Pryderi Llwyd Jones yn dathlu pen blwydd yn 25 oed.)

Bodio drwy hen rifynnau
"ennaint ein doe a'n hechdoe ni".
gweld eto enwau'r bobl
a fu'n gymaint rhan o'n hieuenctid
"hwy a'n gwnaeth".

Cofnodi'r atalnodau yn hanes eglwysi,
yr uno,
ein bywyd ifanc,
cerddi a geiriau ein hamserau.

Negesydd misol ffyddlon
sy'n tystio i barhad,
ac i'r un sy'n ffynhonnell bob Shalôm,
ein ffrind Iesu Grist.

Shalôm
sy'n fisol yn cymell
y pell i ddod eto'n agos,
yn dehongli mawredd ein cred
â throednodiadau bach
ein byw a'n bod byr
a'n hymlafnio am hwn a'r llall.

Argyfwng, gorfoledd
a diolchgarwch.

Dalennau ein mynd a'n dyfod.

Y SENSITIF

Credaf ym mhendefigaeth y sensitif,
yr ystyriol a'r dewr.

Canfyddir ei aelodau
ymhob cenedl a dosbarth cymdeithasol,
ac ar hyd y cenedlaethau
ceir dealltwriaeth reddfol
pan fyddant yn cwrdd.

Cynrychiolant y gwir draddodiad dynol,
yr un oruchafiaeth barhaol
sy'n drech na chreulondeb ac anrhefn.

E.M. Forster

Y SIOE GERDD

Jesus Christ Superstar,
Godspell,
Jiwdas Iscariot,
y Mab Afradlon –
Gwefr y gân,
y lliwiau llachar,
y ddawns gynhyrfus,
y newydd wedd:
ar Iesu o Nasareth mae'r bai!

Ef sy'n mynnu bod yn bresennol i bob cenhedlaeth,
Ef sy'n anfodlon ei gaethiwo mewn pulpud pren,
Ef yr Aflonyddwr,
Ef yr Hudwr,
Ef y Concwerwr
Ef . . .
y superstar nad oes llwyfan i'w ddal,
y Clown nad oes drama i'w gynnal,
Yr Awdur nad oes gyfrwng i'w gostrelu . . .

A boed i Superstar a
Godspell a'r
Iscariot a'r
Afradlon
Fynd â ni yn nes at galon
Ei Gariad a'i Gyfrinach.

(Pryderi Llwyd Jones o *Troeon*)

STAFELL WEDDI
(Eglwys Gadeiriol Anglicanaidd Lerpwl)

Mae'r canhwyllau'n fflam heddiw,
a chysgodion ar y mur.

Dydy'r ffôn symudol
ddim yn pigo neb arall i fyny
ond dy donfedd Di, o Dduw.

Yma,
dim ond dy negeseuon Di
a'th amleddau Di i'n tawelu
a'n llawenhau.

GWEDDI TALENTAU

Diolch am bob cyfle i ddefnyddio'r hyn sydd gennym, yn hytrach na'r hyn nad oes gennym yn dy wasanaeth Di. Ni yw'r clai yn dy ddwylo. Arglwydd, gwna bethau mawr â'n bywydau a hynny mewn ffordd naturiol agos atom sy'n defnyddio cryfderau personoliaethau bob un ohonom. Gwna ni'n ddiymhongar ynghylch unrhyw dalent a gyflwynir i Ti, a helpa ni i'w defnyddio yn gyfrwng i ti, ac i fod yn driw i ti.

Diolch am bob gweledigaeth a dyfeisgarwch dynol sydd o dan ddylanwad dwyfol er sicrhau pethau sy'n hwyluso a gweithio er daioni yn ein byd. Dysg ni i fachu ar bob cyfle i ddatblygu talent i Ti, ac i ddeall yr arwyddocâd pan wyt yn rhoi cyfle i ni wneud. Dysg ni hefyd pan mae angen tocio ar ormod o gynlluniau annelwig sydd yn bygwth amharu ar y cynlluniau pwysig.

Mae Duw yn agor drws yr annisgwyl. Fel afon mewn diffeithdir daw ei bosibiliadau mewn modd sy'n ein herio i ddefnyddio ein talentau. Diolch am ddefnyddio sensitifrwydd y bardd neu'r artist mewn ffyrdd nad oeddem wedi ei ddisgwyl. Diolch ym myd rhoddion Duw fod y pethau gwan – neu'r pethau sy'n wrthun ym meddwl y byd – mewn gwirionedd yn gryfderau, ac yn gyfryngau i arddangos gwir gadernid cymeriad.

Amen

GWEDDI TECHNOLEG

Boed i ni ddefnyddio ein holl dechnoleg a'n doniau er gogoniant i'th gariad Di. Fel y dywed Cynan:

> Tro'n hwynebau i Galfaria
> Fel na ddysgom ryfel mwy.

Boed i'r rhai sydd â'u bys ar fotymau'n hoes ddysgu meithrin pwyll, a sgiliau cyfathrebu amgenach na dinistrio. Boed i bawb sy'n hyrwyddo grym a hyfdra gael eu darostwng. Dangos i ni beth yw cywilydd am ein gweithredoedd hunanol.

Diolch am ddyfeisgarwch technoleg, ac am y bobl ddawnus rheiny sydd yn arloesi yn y maes, gan wella gwasanaethau i'n byd. Boed i ni ddefnyddio dyfeisgarwch fel hyn i bwrpas da. Sicrha bod doniau a thechnoleg yn gymorth adeiladol i bawb rannu byd tecach.

Yn ein hymwneud personol hefyd, dysg ni fod difa ein gilydd yn annerbyniol yn wyneb dy rodd o Gariad, a bod dy Gariad Rhad yno i'r rhai a fyn adeiladu pontydd eu hoes.

Amen

GWEDDI TEULU

Diolch am bob gofal a gafwyd gan rieni, ac am gynhesrwydd ac anwyldeb plentyn yn eich côl. Am bob cyfle i ddangos Cariad Crist ar waith.

Diolch am y cyfleoedd gwahanol a gawn i gwrdd â'n teuluoedd, ac i rannu amser gyda hwy. Rho dy dangnefedd a dy gymod Di ymhob sefyllfa o anghydfod neu gamddeall.

Diolch am wres a choflaid ein teuluoedd, yn cau amdanom ym mylchau anodd bywyd, ac yng ngwres yr haul.

Amen

TEULU'R FFYDD

Paid digalonni, mae gwell i ddod,
Ymhob awr ddu, fe gyrchwn y nod
Rŷm yn deulu, Pob un yn cyfri
Unwn yn glos, rhag y nos.

Os medrwn herio'r stormydd,
Os medrwn fyw â heulwen y ffydd,
byddwn ffyddlon, a byddwn dirion
Teulu'r Ffydd ydym ni.

Cawn golledion, yn nydd ein pla
Gwelsom afiechyd, a phylu'r dyddiau da
Ond â'n gilydd, try'r oll yn newydd
Ein hoen a'n poen dry yn un.

Paid colli dy ffydd, yn ieuenctid y dydd,
mae oes i'w fyw, darganfod y gwir.
Tyfu'n araf, mae rhyfeddodau
wrth deithio'n ffordd, tua'r nod.

Wrth ddal ein ffydd yn gadarn,
Cawn daith i'r dirgel yng nghwmni ein Duw,
Oes o ganfod, dirnad yr hanfod
Teulu'r Ffydd ydym ni.

Pob awel groes,
Pob cur a loes,
Gŵyr Ef ein poen, a'n horiau o hoen
Glynwn ato, rhown ein hunain iddo,
Brwydrwn ymlaen, gam wrth gam.

UN DYDD

Un dydd bydd pobl ifanc yn dysgu geiriau
na fyddant yn eu deall.
Bydd plant India yn gofyn:
Beth yw newyn?
Bydd plant Alabama yn holi:
Beth yw gwahanu hiliol?
Bydd plant Hiroshima yn gofyn:
Beth yw bom atomig?
Bydd plant yn yr ysgol yn gofyn:
Beth yw rhyfel?

Byddwch yn eu hateb,
Byddwch yn dweud wrthynt:
Dydy'r geiriau hyn ddim mewn defnydd mwyach,
fel y goets fawr, rhwyflongau neu gaethwasiaeth.
Geiriau heb ystyr mwyach.
Dyna pam y maent
wedi cael eu hepgor o'r geiriaduron.

(Martin Luther King)

URDDAS YR UNIGOLYN

Heddiw mae tlodion y byd yn edrych i'ch cyfeiriad. Ydych chi'n edrych yn ôl efo tosturi? Oes gennych chi dosturi at y bobl sydd heb fwyd? Maen nhw'n llwgu nid yn unig am fara a reis, ond maen nhw'n llwgu eisiau eu cydnabod fel pobl go iawn. Maen nhw'n awchu i chi wybod hefyd fod ganddyn nhw eu hurddas, eu bod nhw eisiau cael eu trin fel yr ydych chi'n cael eich trin. Maen nhw'n llwgu am gariad.

(Agnes, Y Fam Theresa: "They Have their Dignity")

VINCENT

(Vincent Van Gogh ac artistiaid bob oes. Gellir ei chanu ar alaw Don McLean)

Nos serennog glir,
Paentia dy liwiau'n gain bob un,
dydd o haf, gaeafol hin
i adlewyrchu'r tymor ynot ti.

Dawn ar gynfas oes
lliwiau llachar bletha'n gain,
brain sy'n pigo yn y cae
a dacw'r llwybr ddaeth yn awr i ben.

Nawr fe wn yn iawn
'rhyn a oedd dy neges di,
fe ddioddefaist drosom ni
a cheisio'n torri'n rhydd.
Clust fyddar roesom ni i ti,
ac ni ddeallom ni.

Wynebau brith dy oes
hen ŷd y wlad, rhai'n cario croes,
tymhorau dyn ei fri a'i loes
a ddaliwyd ddoe ar dy gynfas di.

Natur yn ei lliw,
gwychder blodyn, ceinder lliw
hwyl hen deulu'r tir yn fyw
darluniaist hwy yn groyw iawn i ni.

Nawr fe wn yn iawn
'rhyn fynegaist ti â'th lun,
am y dioddef poen a fu
cyflwynaist wefr i ni.

Ai cyfiawnder roddwn ni i ti?
A rown ninnau gyfle nawr?

Nos serennog glir
Gwanwyn eto yn y tir,
gwyrddni wedi gaeaf blin
a'th Gelf addurna furiau'n cyfnod ni.

Unigolion oes
yn stafelloedd byw a bod
Iseldiroedd gwlad pob oes
sy'n ysbrydoli nawr ein cyfnod ni.

Ond ni allent garu
er bod tithau'n driw,
a phan nad oedd gobaith pŵl ar ôl
ar y nos serennog glir
hunanladdiad fu dy ddewis olaf di,
ond Vincent hoff fwriadwyd monot ti
i fyd mor greulon giaidd
â'n un ni.

A glywsant gri dy galon frau?
Disgwyl gormod roeddem ni.

WEITHIAU

Weithiau dydy pethau ddim yn mynd o ddrwg i waeth
wedi'r cwbl. Ambell flwyddyn mae'r grawnwin
yn troi'r rhew heibio; mae gwyrdd yn llewyrchu, y cnydau heb
fethu,
weithiau bydd un â nod uchel, ac fe gaiff rwydd hynt i'w
gyrraedd.

Weithiau bydd cenhedloedd yn troi'u cefn ar ryfel
yn ethol un geirwir; penderfynu eu bod yn hidio digon
fel nad allant adael rhyw ddieithryn heb fwyd.
Bydd rhai yn canfod y pwrpas y'u ganwyd iddo.

Weithiau dydy ein hymdrechion gorau ddim yn mynd dan
draed,
weithiau rydym yn llwyddo fel y bwriadom.
Bydd yr haul weithiau yn meirioli cae o ofid
a edrychai wedi'i rewi'n gorn : boed i hyn fod yn brofiad i ti.

(Rhydd addasiad o eiriau Sheenagh Pugh. Barddoniaeth ar y trên
tanddaear yn Llundain.)

Y GRYM

O Dduw,
fe welais heddiw dlotyn llwyd
yn gorweddian draw ym mharc y dre.
Trist yw ei lygaid ef.
O Dduw,
ni wyddwn beth y dylwn ddweud,
ac fe drodd ei ben i ffwrdd.
Rhois innau wên,
fe'i gwelodd,
yna troi ei ben.

Gad iddo weld y Grym
y Cariad sydd yn stôr,
ac i weld y Gwir,
Trugaredd fel y môr.
Gofynnwch ac fe gewch
o waelod calon agorir dôr
a bydd ei Ysbryd byw ynot ti.
Plentyn wyt
i'r Duw Cariad sy'n ein caru ni.

O Dduw,
fe welais eto'r crwydryn hwn
yno'n gorwedd
draw ym mharc y dre
ei lygaid dal yn bŵl.
O Dduw
cynigiais eto iddo wên
gan ofni mai tir diffaith eto gâi.
Fe welodd y wên,
ystyriodd,
a rhoes un yn ôl.

Fe welodd o'r Grym
y Cariad sydd yn stôr,
a gweld y Gwir,
Trugaredd fel y môr.
Gofynnwch ac fe gewch
o waelod calon agorir dôr
a bydd ei Ysbryd byw ynot ti.
Plentyn wyt
i'r Duw Cariad sy'n ein caru ni.

YSTAFELL FEWNOL

Mae gen i ddyfnder
na fydda i'n ei ddangos
i'm ffrindiau'n aml iawn,
rhyw ddistawrwydd
sydd y tu hwnt i'r miri,
yn ddyfnach
na thrio bod yn ddiddorol.

Mae'n ystafell o ryfeddoadau
yn y fi go iawn,
sy'n llawer mwy cyffyrddus,
fel hen slipars.
Ond mae'n brifo
gadael pobl i fewn i fanno
rhag ofn iddyn nhw adael y stafell
mewn chwip o dymer un dydd.
Gadael llanast a'r drws ar agor i'r oerwynt sy'n sobri.

Ond mae'r ystafell yno
y tu ôl i'r llygaid,
ac mae'n lle braf
nid fel y tu allan
lle mae'n rhaid bodloni
bod yn galed,
dilyn rôl
fel mae'r mêts yn disgwyl.

Ond ar ddiwedd y dydd
pan does neb o gwmpas,
caf gilio yno'n dawel
ac wynebu neb ond fi fy hun.

Y fi sy tu ôl i'r llygaid
y fi rwyt ti
(efallai)
yn gallu'i weld.

Mewn Profedigaeth

EFALLAI

Efallai mai cyfuniad o'r gerddoriaeth,
y tywydd yn pwyso'i haf drwy'r ffenest,
a daioni'r cyfadde' go iawn
nad oes dygymod â cholli.

Efallai mai dyna oedd i gyfri.

Efallai mai am i mi fod
yng nghwmni'r teulu
ar wyliau
ac yna'n dod yn ôl
at hyn.

Efallai am nad oes ysgafnder
i'w gael bob amser
i blant y llawr.

Efallai mai am i mi
gofio dy burdeb
a theimlo colli dy bresenoldeb
yn nhroeon bywyd,
y crisialodd y cyfan
heddiw
yn ddeigryn.

SAWL GWAHANOL HYD O AMSER

Pa mor hir yw bywyd person yn y pendraw?
Ai mil o ddyddiau, neu un yn unig?
Wythnos, neu ganrif neu ddwy?
Am ba hyd y pery marwolaeth person?
A beth a olygwn pan ddywedwn "wedi mynd am byth"?

Ar goll ynghanol meddyliau o'r fath, ceisiwn gadarnhad.
Gallwn fynd at yr athronwyr,
ond byddant yn blino ar ein cwestiynau.
Gallwn fynd at yr offeiriaid a'r rabi,
ond efallai y byddan nhw yn rhy brysur efo gwaith gweinyddol.

Felly am ba hyd y mae person yn byw yn y pendraw?
A faint mae'n ei fyw tra mae ar y ddaear?
Fe boenwn, a gofynnwn gymaint o gwestiynau -
yna pan ddaw'n fater i ni
mae'r ateb mor syml.

Mae person yn byw cyhyd ag y cariwn ninnau
hwy oddi mewn i ni,
tra cludwn ni gynhaeaf eu breuddwydion,
tra yr ydan ninnau hefyd yn fyw,
ac yn dal atgofion sy'n gyffredin, bydd y person byw hefyd.

Bydd ei gariad yn cadw'i arogl a'i gyffyrddiad;
bydd plant yn cludo pwysau ei gariad.
Bydd un ffrind yn cywain ei ddadleuon,
un arall yn hymian ei hoff ganeuon,
bydd un arall yn dal i rannu ei ofnau.

A bydd y dyddiau yn mynd heibio â gwedd ddi-glem
yna'r wythnosau, ac yna'r misoedd,
ac yna fe fydd dydd pan na ofynnir unrhyw gwestiwn
a bydd clymau gofid yn ystwytho yn y bol,
a'r wynebau bochog yn tyneru.

Ac ar y dydd hwnnw, fydd y person ddim wedi peidio â bod,
ond bydd y gwahaniad oherwydd marwolaeth wedi peidio.
Pa mor hir mae person yn byw felly, yn y pendraw?

Mae person yn byw sawl gwahanol hyd o amser.

(Addasiad o *So Many Different Lengths of Time* gan Brian Patten.
*Mynegodd yr awdur ei fod yn barod i bobl newid y sôn am 'ef' yn y
gerdd, yn 'hi' yn ôl yr amgylchiad.*)

MARW, Y MENDIO OLAF

Marw ydy'r mendio olaf,
Yr antur fawr olaf.
Ni ellir ei osgoi.
Dyma'r cynhaeaf rydym oll
yn gweithio tuag ato.
Mae angen i ni ddysgu'r grefft o lacio gafael
ymhell cyn dod at ein penllanw
Gan wybod nad yw marw'n fethiant
ond yn ddathliad ar ôl bywyd wedi ei fyw'n llawn
beth bynnag fo'i hyd

(Addasiad o waith Evelyn Davies, ar gerdyn ym
Mhennant Melangell)

COLLI PLENTYN

Y DADMER
(Ysgrifennwyd y gerdd hon tua deugain mlynedd ar ôl colli ei ferch fach Rhiannon yn dair oed.)

Rhew du oedd cyrn yr allor,
  Llwydrew y Memrwn Gwyn;
Ni chariwyd baich oedd drymach
  Erioed tros Bont-y-Glyn:
Y ddwyflwydd lân â'r dwylo pleth
A thrawsder Tachwedd tros bob peth.

Ni thorrodd ddethol eiriau,
  Ni ddysgodd bader sant,
Ond canodd 'Iesu Tirion'
  O'i bodd i blesio'r plant.
Minnau yn rebel yn fy sedd
Yn rhegi'r Angau Mawr a'r bedd.

Soniodd rhyw wyrth o emyn
  Am chwa'r 'deheuwynt clir',
Am brofi blas annirnad
  Ffrwyth 'pomgranadau'r tir'. . .
Ni chlywodd hi mo'r geiriau parch
Na'r cerrig brwnt ar gaead arch.

Plygu wrth graith y llechwedd
  Ym mynwent serch Bryn Gwyn,
A'r gog a'm meddwdod oesol
  Tros ganllaw Pont-y-Glyn,
Fy ffiol serch yn fwy na llawn
Yn torri'n 'ddagrau melys iawn'.

John Evans.

IWAN

Dwi'n falch rŵan i mi fynd i'r drafferth
o ofyn am gael llun.
Dy holi yn benodol
rhwng nerfau sgetsus y Ffermwyr Ifanc
ym mwrlwm Eisteddfod Pafiliwn Corwen
am lun i gofio.
"Llun i'w yrru i Mam a Dad efo'r cerdyn Nadolig!"

Gwenaist ti a'th gyfaill y wên ddeunaw oed
ddi-droi'n ôl honno, mewn gwisg ffansi!

Dw i mor falch i mi dorri i fyd dy hwyl
a dy gael mor barod i'w dynnu.
"Mae Mam a Dad yma yn rhywle . . . "
Dw i mor falch i mi ddal yr anwyldeb hwnnw
a adnabyddais eisoes yn dy rieni.

Rwyt ti bellach yn y byd y tu hwnt i'n dagrau ni,
ond yma i ni
rwyt wedi dy gloi yn fythol ifanc.
Wedi dy ddal rhwng dod oddi ar y llwyfan mewn côr,
a sgets.

Gall geiriau ddim crisialu'r golled,
gall geiriau ddim crynhoi gwewyr anwyliaid,
gall geiriau ddim esbonio 'Pam?'

Byddaf yn teimlo weithiau
fod Duw angen rhai yn ôl yn gynt ato.
Bod Duw ddim yn dygymod yn ei nefoedd
heb eu hanwyldeb a'u gwefr.

Er nad yw hynny heddiw yn gwneud y colli'n ddim haws,
er heddiw bod torch wedi rheibio'r eirlysiau dewr,
efallai, ymhen amser,
y sylweddolwn fwy am fwynder, a sylwedd, a gwên
y Duw annwyl a ddangosodd Iwan i ni.

YN ARBENNIG PAN MAE'N BWRW EIRA
(i Boty)

Yn arbennig pan mae'n bwrw eira
a phob coeden
â'i freichiau du a dwylo agored
yn llawn o'r bwyd angylion sy'n sgleinio

yn enwedig pan mae'n bwrw eira
a phob ôl troed
yn gwneud llyn tywyll
ymhlith glaswellt rhewllyd

yn enwedig pan mae'n bwrw eira cariad
a robin goch gwrol
yn begera am friwsion
wrth ffenestri lliw aur

byth ers i ni ddweud Hwyl Fawr wrthot
yn yr ardd goffa
lle na thyfai ddim byd
ac eithrio'r eira diemosiwn hardd

a phlygodd Caitlin fach i ddweud Da bo wrthot,
i lawr yn y cysgodion

yn enwedig pan mae'n bwrw eira
ac yn dal i fwrw

yn enwedig pan mae'n bwrw eira
hyd lwybrau porffor yr awyr
mae'r blaned yn cloffi fel Brenin Llŷr
gyda'i gariad mawr yn ei freichiau

yn enwedig pan mae'n bwrw eira
ac yn dal i fwrw.

Addasiad o waith Adrian Mitchell.

DEWRDER MIKE
(Darlledwr a frwydrodd yn erbyn cancr)

Dewrder
mor dawel
mor gryf
mor dirion
wrth wynebu'r diwedd disymwth ifanc.

A phan ddaeth,
roedd fel golau dydd
yn llifo i mewn i ystafell
drwy ffenestri'r bore,
nid yn fygythiad iddo.

Cuddiai'r sbectol dywyll
chwydd y gwirionedd,
ond o adroddiad i adroddiad
gwrthodaist wadu'r goleuni
a ddeuai o'r tu hwnt,
o du draw i'r byd lle medrid
baeddu dynion.

Roedd yr Eglwys Gatholig
ei phobl a'i chariad
wedi rhoi tir cadarnach
i Mike Sapio.

Gŵr bonheddig
a wrthododd ddiffodd y golau,
ond a welodd ei wreichion egwan o,
yn cael y fraint o gryfhau'r
Golau Mawr.

Helen Keller

PROFEDIGAETH SYDYN

ER COF AM IFAN WYN EVANS, TYDDYN LLIDIART
(Bu'n byw ym Monfa, Bro Enddwyn, Dyffryn Ardudwy hefyd.)

Wrth i'r dydd ffarwelio neithiwr
I roi'r nos i guddio'r llawr
A phob drws yng nghlo ym Monfa
Hyd nes delai eto'r wawr.

Ond yr Iesu a ddaeth heibio
A'i fwyneiddiaf alwad dlos,
Daeth heb gyffwrdd clo na chlicied
Ar dawelaf awr o'r nos.

Arthur Evans

GALARU

Dydyn ni'r rhai sy'n galaru ddim ar ein pennau ein hunain. Rydym yn perthyn i'r teulu mwyaf yn y byd – cwmni'r rhai hynny sydd wedi adnabod dioddefaint. Pan mae'n ymddangos na all ein galar gael ei oddef, gadewch i ni feddwl am deulu mawr y rhai trwm eu calonnau, y mae ein galar yn ein gwneud ninnau hefyd yn aelodau. Yn anorfod fe deimlwn amdanom eu breichiau, eu cydymdeimlad, eu dealltwriaeth."

Epilog

EPILOG

Diolch i Ti Dduw am roi'r ddawn i ni fedru ymlacio a gorffwyso.
Gwerthfawrogwn mor bwysig yw hyn mewn byd sydd mor
gyflym ac yn llawn pwysedd. Yn yr adegau tawel dysg i ni
ymdeimlo yn fwy â Thi, a'r hyn rwyt ti am i bob un ohonom ei
wneud drosot Ti yn y byd. Diolch am gael treulio amser o
ansawdd gyda Thi Arglwydd.

Amen

Gweithiwch fel pe na baech angen y pres,
Carwch fel pe baech heb gael eich brifo erioed.
Dawnsiwch fel pe bai neb yn gwylio.
Canwch fel pe bai neb yn gwrando.
Byw bywyd fel pe bai hi'n Nefoedd ar y Ddaear.

(Anhysbys)

EGLWYS SAGRADA FAMILIA
(Eglwys Gaudi, Barcelona)

Rydan ni'n dal i adeiladu Ei Eglwys
yn dal i chwilio am y ffurf
wnaiff ei ogoneddu Ef
ac nid ni ein hunain.
'Dan ni'n dal at y gwaith,
a phan fyddwn ni'n meddwl fod y gwaith ar ben
fe fydd mwy,
wastad mwy i'w wneud.

Mae Celfyddyd yn parhau,
â'i chwest am rywbeth gorffenedig,
yn dal ar waith
ar safle adeiladu parhaol y byd.

Rhyfeddwn
a pharhawn â'r gwaith
gan wybod bod gwaith yr Iôr yn anorffen yn y bôn.
Ond fe gyflawnwyd peth,
a medrwn gamu yn ôl a
gweld rhywbeth newydd bob tro ynddo,
yn yr haul,
yn y cysgod.

Gaudi
a naddodd o'r garreg foel
delyneg ei gred,
a adawodd waith heb ei orffen
yn eglwys y dyddiau da.
Ni fedr ein lluniau annheilwng grynhoi'r cyfan.

Dim ond megis dechrau ydym,
yn greadigaethau anorffenedig
wrth dy waith
ar faes adeiladu'r byd;
yn glai heb ei fowldio'n gyflawn eto
yng ngweithdy dy fwriadau dwyfol.

CYDNABYDDIAETHAU

Y CERDDI GWREIDDIOL

Mae mwyafrif y gwaith yn newydd sbon ond hoffwn gydnabod yn ddiolchgar i'r deunydd gwreiddiol isod o'm heiddo ymddangos o'r blaen:

Cynhwysir rhai cerddi gwreiddiol o'r pedwar casgliad i Gyhoeddiadau Barddas rhwng 1989 a 2001 sydd bellach allan o brint - o *Tonnau, Sglefrfyrddio, Mendio Gondola a Llanw'n Troi*. Diolch i Gyhoeddiadau Barddas am eu cyhoeddi'n flaenorol, ac i Alan Llwyd am ei ffydd yn fy ngwaith ar hyd y blynyddoedd: "Adfent", "Adfent yn yr Oak Tree", "Ar y Stryd", "Bob Geldof", "Carolau Llangollen", "Clywed Llais Pavarotti", "Croes Goch Acton", "Croes Wag", "Cyngerdd Nadolig", "Dathlu", "Efallai", "Encil", "Eglwys Trillo Sant", "Ffenestr Eglwys St Malo", "Ganwyd Crist i'r Byd", "Gwanwyn", "Llygredd", "Mewn Cyddestun", "Pasg Rhufain", "Tewi", "Y Fflam", "Y Rheswm", "Ystafell Fewnol", "Y Tu Hwnt". Braf yw cael cynnwys y detholiad bychan hwn o'r gorffennol yng nghyd-destun newydd y llyfr hwn.

Hefyd cyhoeddwyd Eglwys Sagrada Familia ac Eglwys Las Berlin yn *Cerddi'r Byd* (Gomer), Diffodd y Golau a Preseb Canolfan Siopa Caer yn wreiddiol yn *Nadolig Nadolig!* (Gwasg Carreg Gwalch),Ar Gyfer Heddiw'r Bore yn *Hoff Gerddi Nadolig* (Gomer). Bu'r gerdd Ann Frank yn yr antholeg *Ffŵl yn y Dŵr* (Gomer), ac Adfent yn *Cerddi Meirionnydd* (Gomer)

O ran cylchgronau a phapurau bro, ymddangosodd y gerdd i gofio Iwan yn *Y Gadlas*, Angel Ffibr Optig, a Bethlehem Cyfoes yn *Barddas*, Maddeuant yn *Cristion*, Dyhead am Nefoedd yn *Y Goleuad*, Rhwng y Rhain yn *Y Gwyliedydd*. Gwelir ambell weddi, myfyrdod neu ddyfyniad a fu yn y golofn fisol Deunydd Defosiwn gen i yn *Cristion* 2002–2004.

Er hwylustod cynhwysais ambell ddyfyniad o *Troeon* (Cyhoeddiadau'r Gair) sy'n cael defnydd aml: Gweddi Athro, Byw ar y Dibyn, Carwch eich Gelynion, Diwrnod i Ffwrdd,

Gweddi Adfent, Gweddi'r Tangnefeddwyr, Heddwch, O Ganol Dryswch, Un Dydd, Y Flwyddyn Newydd, Y Groes Gyfoes. Cyhoeddwyd gwaith gwreiddiol fy nhaid John Evans gan Wasg Tŷ ar y Graig, ac Awdl y Gorwel yn y gyfrol *Run Mor Wen* gan Wasg Pantycelyn. Diolch iddynt, ac i'r teulu am bob cefnogaeth. Cynhwysir hefyd y gerdd 'Drain' gan Richard Jones Maesclawdd, Bontddu o gasgliad personol yn Ardudwy. Diolch eto.

FFYNONELLAU AC ADDASIADAU

Cymerwyd pob gofal i nodi ffynonellau'r addasiadau i'r Gymraeg, pob un wedi eu haddasu gen i. Canfyddais y darnau hyn yn arbennig o addas ar gyfer defnydd mewn gwasanaethau:

David Adam: 'Rhoddion Colledig Duw' o *A Celebration of Autumn*. SPCK.
Agnes, Y Fam Theresa: Gweddi o'i llyfr *Y Llwybr Syml* / *The Simple Path*.
Cymorth Cristnogol: Addasiad Cymraeg o ddeunydd o gardiau a safwe'r mudiad, gan gynnwys gweddi gan Alan Paton.
William Barclay: Geiriau am Weddi'r Arglwydd / *The Lord's Prayer* (St Andrew's Press.)
Evelyn Davies: 'Marw'r Mendio Olaf', o Eglwys Pennant Melangell.
Louis De Bernieres : Geiriau'r Meddyg wrth Pelagia yn *Captain Corelli's Mandolin*
Deg Gorchymyn Gwahanol a addaswyd o ddeunydd y *Milflwyddiant*.
Andrew Farlow : 'Gweddi i'r Tangnefeddwyr', addasiad o *Prayer for the Peacemakers*
Kathy Galloway: 'Atgyfodiad', 'Real', o *The Dream of Learning our True Name*. Hefyd 'Gweddi Grawys Iona'. (Addaswyd o ddeunydd Wild Goose Publications.)
Richard Gillard: Addasiad o 'The Servant Song' o *Bread of Tomorrow*.
Gweddi Medi'r 11eg (Addasiad o weddi Saesneg yng nghylchgrawn Eglwys Poyser Street Wrecsam.)
Minnie Louise Haskins: *Giât y Flwyddyn Newydd* / *The Gate of the Year*.

Henri Nouwen: 'Y Mab Afradlon', addasiad o'i gyfrol *In My Own Words* (Darton, Longman and Todd Ltd.)

Donald Hilton: Addasiad o weddi o *Pilgrim to the Holy Land*.

Basil Hume: Ffydd Fel Seren/ Faith a Light to Guide Us o *Cardinal Hume A Spiritual Companion* (Lion)

Dike Omeje : 'Rhwng y Rhain' addasiad o The Pieces In-Between (Taflen heddwch, Lerpwl)

John Repath : Addasiad o'r Groes Gyfoes o'i lyfr *Bilberries and Tickled Trout*.

Adrian Mitchell: Yn arbennig pan mae'n bwrw eira / Especially when it snows, o'i gyfrol *Blue Coffee* (Bloodaxe)

Brian Patten : Sawl Gwahanol Hyd o Amser /So Many Different Lengths of Time o *Armada* (Harper Collins)

Sheila Parry: addasiad o Cariad Hydrefol / Autumn Love o antholeg. *Chester Poets 11*.

Pauline Multi Media: eu maniffesto fel siop Gristnogol – Cantigl o Fawl i'r Cyfryngau.

Sheenagh Pugh : Weithiau /Sometimes. Addasiad o *100 Poems on the Underground*. (Cassell)

Howard Thurman: addasiad o Weddi Nadolig o *The Promise of Peace*, antholeg Pax Christi.

Mary Wilson: 'Dyhead am Nefoedd', addasiad o A Plea For Heaven o *New Poems*.

Jill Wolf: Gweddi Athro /Teacher's Prayer. Addasiad o benillion ar gerdyn cyfarch.

Ralph Wright: Addasiad o Ffrind / Friend o *Celebration of Love* (Mary O'Hara) Hodder and Stoughton.

Martin Wroe: Addasiad o *Dwylo Duw* a welwyd ar boster.

Os wyf wedi methu â chydnabod unrhyw un uchod, nid yn fwriadol y gwnaed hynny.

Aled Lewis Evans